오피스 빌딩 임대자산관리 입문과 실무
Office Building Leasing Manager

오피스 빌딩 임대자산관리 입문과 실무
Office Building Leasing Manager

개정판 1쇄 인쇄일 2017년 3월 13일
개정판 1쇄 발행일 2017년 3월 20일

지은이 윤여신
펴낸이 양옥매
디자인 최원용
교   정 김인혜

펴낸곳 도서출판 책과나무
출판등록 제2012-000376
주소 서울특별시 마포구 방울내로 79 이노빌딩 302호
대표전화 02.372.1537   **팩스** 02.372.1538
이메일 booknamu2007@naver.com
홈페이지 www.booknamu.com
ISBN 979-11-5776-415-0(13320)

이 도서의 국립중앙도서관 출판시도서목록(CIP)은 서지정보유통지원 시스템
홈페이지(http://seoji.nl.go.kr)와 국가자료공동목록시스템
(http://www.nl.go.kr/kolisnet)에서 이용하실 수 있습니다.
(CIP제어번호 : CIP2017007256)

오피스 빌딩 임대자산관리

입문과 실무

윤여신 지음

Office Building
Leasing Manager

책과나무

본 교재는 한국생산성본부, 명지대학교 건축대학원, 명지대학교 부동산학과, 명지전문대학교 부동산경영학과, 이화여자대학교, 건국대학교, 가천대학교, 부산영산대학교, 한국빌딩경영협회, 한국FM학회, 금융투자협회, KT, KT Estate, KT&G, 두산캐피탈, 두산건설, 포스코건설, 미래에셋부동산114, 한국건설산업연구원, 대한제지, 미래에셋자산운용, 한국건설수주협회, GE, 코오롱글로벌, 삼성생명, 삼성경제연구소, 한신상호저축은행, Koramco, NH투자증권, 대신증권, 흥국화재, 아시아자산신탁, 강남구청, 국토교통부, 우정사업본부, 한국감정평가협회, 매경이코노미, 매일경제, 한국경제, 조선비즈, 머니투데이-벨등의 초빙교수 및 오피스 자문위원으로 활동한 경험적 Know-how를 중심으로 작성한 실무형 교재임.

왜
임대자산관리 전문가가
필요한가?

나는 왜 이렇게 생소한 주제로 책을 쓰는가. 하나는 대부분의 오피스 이전 및 사옥 매입등의 업무를 진행하는 주체가 전문가가 아니라는 점이다. 회사를 이전하는 일을 전문가가 아닌 전혀 비전문가가 업무를 진행하는 것은 큰 리스크를 지고 있다고 할 수 있다. 한국 생산성본부나 매일 경제등 기관이나 민간 기업에서 부동산 자산관리 세미나나 교육 사업을 진행함에 있어 변호사, 회계사, 금융권, 기업 경영 관리자등 다양한 직업의 사람들이 시간과 비용을 들여 짧은 교육에 열심을 다해 참석한다. 그러나 그다지 어렵지 않은 전문용어가 나올 때의 표정들은 대부분 모르겠다는 얼굴이다. 또한, 특강이후 들려오는 Feedback에서 반드시 빠지지 않는 것이 참고할 만한 도서를 추천해 달라는 것이다.

한국에 들어와 있는 대부분의 외국계 기업의 경우 외국계 전문 컨설팅 업체를 활용하여 임대차 계약이나 사옥매입을 진행한다. 오랜 경험을 가진 보험회사나 기업의 담당자들은 상당한 학습적, 경험적 지식을 가지고 있으나 그것도 변화무쌍한 상업용 부동산 시장에서 기회로 작용하기 어렵다. 국내 기업의 경우는 상경계열이나 문과 출신의 담당자들이 총무부서에서 임대차와 매입등의 업무를 진행한다. 심지어 법무법인이나 회계법인의 사옥 이전에도 변호사가 직접 나서기도 하지만, 그들 또한 경험적인 지식이 적기는 마찬가지이다.

이에 본 교재를 통해 처음 오피스 빌딩의 자산관리와 임대차 및 매입 업무를 담당하는 총무 및 경영지원팀과 배움의 시작단계에 있는 학생들에게 조금이나마 이해를 도울 수 있길 바란다.

실제로 선의의 의지를 가지고 건물주에게 손실이 발생하면서까지 인센티브를 제공하는 경우가 있는데, 이러한 경우 임차인의 반응에 문제점이 발생하는 경우가 있다. 임대인의 호의와 정성에 까다롭게 시장의 사례만으로 응대하는 임차인의 경우가 있어 해당 부서 담당자를 곤혹스럽게 한다.

상업용 부동산중 오피스 빌딩 계약담당자의 경우 다른 부동산 거래에 비해 규모가 크고 많은 사람의 삶의 변화를 가져오는 중요한 역할이기 때문에 기업환경 변화와 개선 그리고 자금계획과 지출등 크고 작은 준비와 많은 경험을 필요로 한다. 또한 상당히 오랜 시간(3년이상)을 준비하고 집행하는 경우가 있기 때문에 철저한 준비와 시장동향 정보, 예측, 분석, 집행등에

Khow-how가 필요하다.

　본 교재를 통해 한번쯤은 경험하게 되는 오피스 빌딩 임대자산관리의 전반적인 이론과 실무 및 사례는 충분한 도움이 될것이다. IMF와 세계금융위기인 서브프라임 모기지론 사태, 다국적 금융회사인 리먼브라더스의 파산 등 상업용 부동산 시장의 한복판에서 경험한 국내 오피스 시장의 변화와 흐름 그리고 미래지향적인 자산관리와 운영에 대한 Know-How를 정리하였다.

　현대인의 삶 중 대부분의 시간을 오피스 빌딩이라는 실내에서 보내게 되는데, 이러한 오피스 빌딩이 과거 단순한 사옥형태의 운영에서 복합화, 다양한 용도로 활용되고 있다. 오피스 빌딩의 경우 IMF와 서브프라임을 경험하면서 외국계와 국내 투자회사들의 투자 상품으로 개발되었으며, 국내 부동산 시장의 큰 흐름으로 발전하고 있다. 이러한 오피스 빌딩의 공급과 수급, 관리·운영 그리고 선진 관리 시스템을 통한 투자 상품에 이르기까지 다양한 경험에 대한 학문적인 수요가 발생함에 따라 저자의 경험적 지식과 이론적 자료들을 조사, 분석하여 정리하였다.

　실제로 오피스 빌딩의 자산관리, 임대관리에 대한 최근 참고 도서의 부재로 많은 교수님과 전문가들로부터 학문적인 입문과 실무자를 대상으로 한 실질적인 마켓운영과 관리교재에 대한 필요성이 제기되어, 이론적 지식과 경험적 지식을 중심으로 집필하였다.

　이론적 지식과 실무적 경험을 통해 처음으로 발간되는 본 교재가 '임대자산관리와 마케팅'에 입문하는 많은 분들에게 효율적인 경험으로 활용되기를 바란다.

CONTENTS

PART 1
자산관리 시장의 변화

1

부동산 시장의 목적과 관리 환경 변화

　상업용 부동산, 특히 오피스 빌딩에 대한 투자를 촉진한 국내 관련 법이 새롭게 도입되었다. 그 변화를 살펴보면, 1998년 9월에 자산유동화를 위해 도입된 ABS(Asset Backed Securities)나 MBS(Mortgage Backed Securities)와 같이 부동산 등을 기초자산으로 한 「자산유동화증권법」이 제정되었고, 2001년 4월에는 「부동산 투자회사 법(리츠법)」의 통과와 함께 리츠 주식이 증권시장에서 거래되면서 부동산에 대한 간접투자의 길이 열렸으며, 2004년 1월에는 「간접투자자산 운용업법」(2009년 2월에 「자본시장과 금융투자업에 관한 법률」로 통합)의 발효로 부동산 및 실물에 대한 펀드투자가 허용되면서 부동산 펀드나 부동산 투자회사를 통한 오피스에 대한 투자는 더욱 증가되었다[1].

　1994년부터 1996년까지를 살펴보면, 오피스 빌딩에 대해서 고정자산으

---

[1] 문홍식 외 3명, 2011 "오피스 점유 비용 결정 특성에 대한 실증 분석", 국토연구 제68권, p156~168

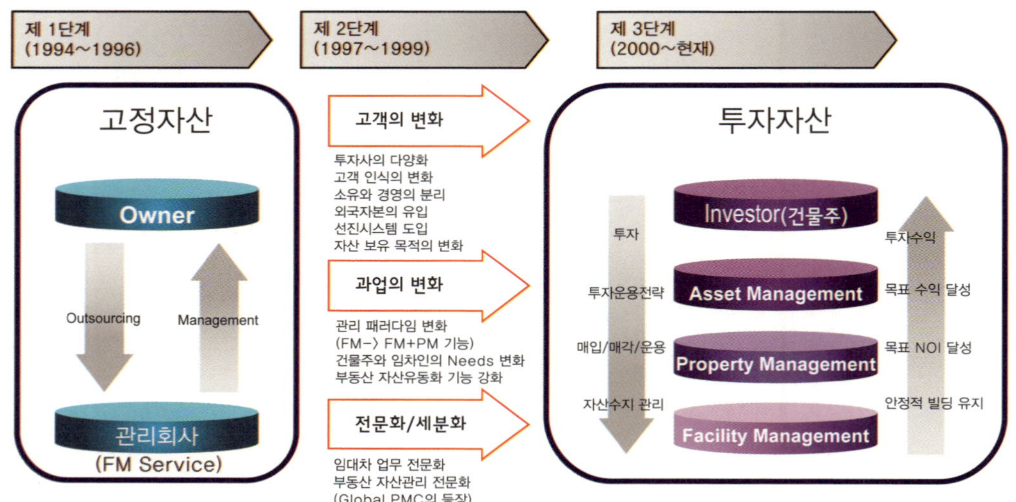

[그림 1-1] 자산관리 목적과 환경의 변화

로의 부동산으로 인지하였다. 빌딩주인 오너(Owner)가 계열사 또는 전문 관리회사(FM)에 아웃 소싱(Outsourcing)하여 단순한 유지관리를 통한 시설관리 보고를 주 업무로 진행하였다.

이러한 수동적인 마켓에서 1997년부터 1998년까지 IMF를 경험하면서, 고객과 과업의 변화를 통해 업무의 전문화와 세분화가 나타나기 시작했다. 먼저 고객의 변화를 살펴보면, 과거 단순 빌딩주의 형태에서 투자 상품으로서의 틀이 잡혀갔다. 글로벌 경기의 어려움과 현금 확보라는 취지에서 국내 대기업과 우량 기업들의 사옥과 투자용 오피스 빌딩을 경쟁적으로 처분하기 시작했다. 이때 외국계 단기성 펀드와 투자회사들이 국내 대기업의 사옥이나 투자용 빌딩을 헐값에 매입하였으며, 부실채권 형태의 기업 M&A를 통해 자연스럽게 따라 들어오는 부동산도 상당수 묶여 있었다. 결과적으로 사옥과 단순 임대 형태에서 국내외 투자자들이 오피스를 하나의 상품으로 인지하고 매입하는 사례가 이 시기에 적극적으로 나타났음을 알 수 있으며, 단순 매각차익(Capital Gain)에서 투자수익(Operating Income) 운영으로 인식이 전환되는 시기이기도 했다.

과업의 변화를 살펴보면, 시설관리(Facility Management)에서 시설관리(FM)＋자산관리(PM : Property Management)로 기능이 확대되어 갔다. 부동산 자산유동화를 통한 기능이 추가되면서 전문 자산관리회사의 등장이 필요했고, 외국계 투자회사들이 경쟁적인 빌딩 매입에 따른 다국적 자산관리회사의 업무 범위가 점차적으로 성장하는 상황이 전개되었다.

업무적인 전문화와 세분화는 단순 시설관리(FM)에서 자산관리(PM)가 등장하면서 임대차 업무의 전문화와 효율화 그리고 부동산 자산운용관리 업무의 전문성이 제기되었다. 과거 사옥 개발을 통한 운영관리는 엔지니어(FM, 시설관리자)들이 자산관리 업무를 혼합하여 진행하므로 전문성이 떨어지거나 업무에 대한 이해도가 낮아 "임차인의 유치 및 유지관리"에 대한 어려움이 많았다.

과거 권위적인 위치에서의 임대마케팅과 임차인 협상은 시장에 대한 정보를 제대로 습득할 수 없는 상황에서 이루어진 일이었다. 인근 경쟁 빌딩 몇 군데의 임대료 수준과 공실 수준의 이해로 선진화되고 전문화된 전문 Global Agency들의 적극적인 임대차 협상을 우호적으로 이끌어 내기는 상당히 어려웠다.

2000년대부터 현재에서는 상업용 부동산이 건강한 투자자산으로 확대 인식되었다. 오피스 빌딩, 백화점, 쇼핑몰, 쇼핑센터, 공장, 창고, 마트, 호텔 등 다양한 상품으로 개발되고 운영되었다. 리츠(Reits)나 펀드(Fund) 회사들이 직접투자를 진행하기 어려운 기관투자자들과 투자수익을 실현하기 위해 자산운용회사들의 인가가 앞다투어 나타나기 시작했다. 인베스터(Investor)는 인베스터 에이전트(Investor Agent)를 통해 투자운용전략을 보고 받고 투자를 결정하게 되며, 이러한 투자결정은 자산운용사(AMC : Asset Management Company)의 투자운용전략과 매입, 매각, 운용전략 등을 통해 보고받게 된다. 이러한 자산운용사는 FM을 통제하는 PMC(Property Management Company)를 통해 실질적인 임차인 유치와 시설관리를 진행하게 된다.

결과적으로 외국계 투자회사들이 가장 편리하게 운용해 왔던, 오피스 빌딩에서 현재는 호텔, 물류창고와 공장, 쇼핑몰과 쇼핑센터, 복합시설(호텔, 물류, 백화점, 오피스) 등 다양한 부동산 상품으로 확대되고 있다. 또한, 전문화되고 세분화된 특정 상품에 대한 전문 투자회사들도 한국에 이미 들어와 있으며, 다양한 규모로 투자하고 있다. 이들의 경우 오피스보다는 높은 임대수익률을 보이고 있으나 처분에 대한 Risk와 운영에 대한 안전 Risk는 다소 높은 것으로 나타났다.

위와 같은 변화는 국내 부동산 관리회사가 단순 시설관리(FM)에서 자산관리(PM)로 변화하는 계기가 되었으며, 중견기업의 경우 빌딩 용역관리사(FMC)에서 자산관리회사(PMC)로의 확장을 일으키기도 했다. 국내 오피스 빌딩의 업무 영역에서 오피스 산업의 전문화, 세분화가 이루어졌으며, 임대대행사 및 자산관리대행사가 새로운 비즈니스를 창출하기도 했다. 또한, IMF 이전에 없던 새로운 형태의 전문가 그룹이 탄생하게 되었는데, 바로 "임대자산관리 전문가"(Leasing Manager)가 그것이다. 이들은 오피스 빌딩의 전문 지식과 법률적, 경험적 지식으로 충분한 준비가 되어져야 했으며, 오피스 시장의 동향과 미래 예측 그리고 성장과 하락에 대한 임대가 예측과 기업의 확장, 축소에 대한 정보도 인지하고 있어야 했다. 세계 경기 동향과 국내 기업의 경기 동향과 정치적인 흐름 등 상당히 전문가적인 경험과 정보를 지속적으로 Up-Date하고 숙지해야 했으며, 나아가 부동산 금융이라는 새로운 분야의 경험과 사례를 축적하는 것도 주요한 업무 분야로 나타났다.

이러한 다양한 경험과 전문적인 지식을 요구하는 이유는 기업의 총무, 경리, 재무, 법무, 경영관리 분야의 전문가들에게 오피스 시장의 흐름과 변화 그리고 현재 상황과 미래 상황, 나아가 임차와 사옥 매입에 대한 투자, 개발 등에 대한 자문 역할이 필요하기 때문이다. 많은 기업의 경영부서 관계자들은 오피스 전문가에게 주택, 호텔, 상업용 부동산에 대한 전반적인 지식을 쉽고 빠르게 인지하고 싶어 하기에 이러한 업무를 담당하는 매니저라면 다양한 학습이 필요한 것이다.

2

부동산
자산 시장의 변화

　외국계 및 국내 부동산 투자의 활성화 시기를 맞은 것은 IMF 이후 도심의 SFC(Seoul Finance Tower)와 강남의 GFC(구, Star Tower)가 가장 대표적인 투자 대상 상업용 빌딩이라고 말할 수 있다. 부동산의 직접적인 투자가 어려운 상황 속에서 대형 오피스 빌딩의 경우 경험 많은 외국계 투자자들에게 독점적인 매수로 나타났다. 2000년대 초반부터 국내의 다양한 부동산 간접투자시장의 다양성이 나타났으며 Koramco, 미래에셋(Mirae Asset)자산운용, 삼성SRA, 하나자산운용, IGIS등 부동산 AMC와 부동산 투자회사, 부동산 투자펀드 등이 앞다투어 자산운용회사와 리츠(Reits) AMC 인가를 받고 운영하기 시작했다. 이러한 자산운용으로 과거 부동산 투자 및 관리 관행에 변화를 주도하기 시작했다.

　운영기간, 운영관리와 상관없이 자본차익(Capital Gain)에만 집중했던 투자 경험과 관행이 운용수익(Operating Income) 시대로의 전환을 가져오는 중요한 기점이 되면서 주거용이 아닌 상업용 부동산의 경우 매입, 관리 운영, 매각의 중요한 세 가지 항목 가운데 가장 중요하게 부각되는 부분이 바로 '관리 운영'에 관한 부분이다. 오피스 빌딩의 PM관리 중 가장 중요한 부분인 임차 인관리(Tenants Management)가 자본차익과 운용수익에 중요한 역할을 담당하고 있기 때문이다. 이러한 운용관리의 중요성이 부각되며 과거 단일용도 개발 이었던 단순개발방식(Development) 시대에서 복합관리(Management) 시대로 변화 함에 따라 상업용 부동산에 대한 꾸준한 학습을 필요로 하기도 했다.

또한, 부동산 소유에 대한 인식의 변화로 고정자산(자산가치 중시)에서 투자자산(수익가치 중시)으로 변화하였다. 사옥 또는 투자용 빌딩이라 하 더라도 운용에 대한 인식보다는 고정자산으로서의 가치를 통해 매각차익 (Capital Gain)에 대한 부동산 투자가치를 중요시 여겼던 것에서 이제는 투자 자산으로 운용 및 수익가치를 중시 여기는 시대로 변화하였다는 것이다. 우리나라의 대표적인 투자 기관인 국민연금(NPS)의 경우와 지방행정공제회 (POBA), 교원공제회, 경찰공제회 등 각종 공제회 등도 매각차익(Capital Gain) 보다는 운용수익에 따른 수익률에 큰 비중을 두고 있는 것이 사실이다.

이러한 시대적 요구(Needs)에 걸맞게 1998년부터 2000년대 초반까지 외국계 투자회사와 함께 외국계 부동산 관리회사(PMC)의 국내 시장 진입은 상업용 부동산 시장에 큰 변화를 불러왔다. 2000년대 초반까지 국내 대기업은 계열 사를 통한 시설관리(FM) 수준으로 오피스 빌딩을 관리해 왔다. 이러한 것을 다국적 자산관리 및 컨설팅회사들은 외국계 투자자들의 투자 패턴에 맞는 투자 운영 방식과 임차인관리 및 건물가치 상승을 통해 꾸준한 운영수익 실 현과 전문 서비스 영역의 발견과 개발로 월등한 자본차익까지 실현시켰다.

일반적으로 투자 1세대로 구분되는 시장은 부실채권(NPL) 시장 이후 론

스타, 골드만삭스, 모건스탠리, 리먼브라더스, 랜드리스 등 초기 NPL 시장에 진출한 외국계 투자회사들이 주축을 이루었다. 대부분이 미국계 NPL 버추얼펀드(Virtual Fund) 형식의 단기성 펀드가 주류를 이루었다.

시장의 미성숙으로 미국계 펀드의 하이리스크 하이리턴(High Risk High Return)형 투자로 수익률이 무려 20~25%까지 반영되었다. 초기 투자된 오피스 빌딩이 투자 2세대로 전환되면서, 투자자들의 변화도 나타나게 된다. 1세대의 단기성 펀드보다는 장·단기 혼합형 펀드의 진입이 이루어지면서 대표적인 투자자로 GIC, GRA, Rodamco, ING, GERE, Carlyle, Macguarie Deutsche Bank 등이 자리매김을 하였다. 1, 2세대의 중간 수준 요구 수익률(10%)을 나타냈으며, 신규 매입 및 1세대로부터 인수한 프라임(Prime)급 오피스 빌딩을 위주로 투자하였다.

투자 2세대의 투자자는 미국계에서 유럽계로 변화를 가져왔으며 중, 장기형 펀드 형식으로 국내 부동산 펀드의 진입이 일어나는 시기로 나타났다. 낮은 요구 수익률(8~10% 이내)로 시장에 접근하였으며, 주요한 요인으로 국내외 낮은 금리도 한 몫을 차지했다. 상품에 대한 투자 의사는 장기 투자형과 부동산 간접투자 운용법에 의한 투자로 진행되었다. 주요 투자자로는 DECA, DIFA, DEGI, 미래에셋맵스자산운용(Maps), Koramco, KB, 한화투자자산운용, 하나다올자산운용 등이 공격적인 투자를 진행했다.

투자 2.5세대의 주요한 변화로는 외국계가 주류를 이루던 투자시장이 국내 기관투자자와 금융권의 적극적인 투자로 국내 AMC들의 활동이 공격적이고 경쟁적인 시대가 되었다는 것이다. 주요 투자자로는 국민연금(NPS)와 지방행정공제회(POBA), 우정사업본부, 농협, 사학연금, 과학기술

공제회, 경찰공제회, 새마을금고 등으로 나타났다. 기대 수익률은 크게 떨어져 5~7% 내외로 낮아졌으며, 투자 기간도 4~7년 등 장기 투자로 기대 수익을 실현시키는 방향으로 바뀌었다. 2000년대 중반부터 2013년 말까지 3년 연속 매년 상업용 부동산의 거래 금액이 5조 원을 넘기도 하였다. 단일 상품으로 1조 원이 넘는 거래도 발생하였고, 다양한 투자 상품으로 복합화와 다양화가 나타났다. 주요 AMC로 IGIS의 약진이 두드러진 시기였으며, 미래에셋자산운용, 삼성SRA자산운용, 베스타스자산운용, JR리츠(Reits), Koramco, GIC, 신한BNP, Ascendas, KTB자산운용, Consus, RREEF 등이 공격적인 투자를 이루어냈다. 외국계에서 국내투자자로 크게 전환된 시기였다. 2014년을 시작으로 또다른 10년이 새롭게 시

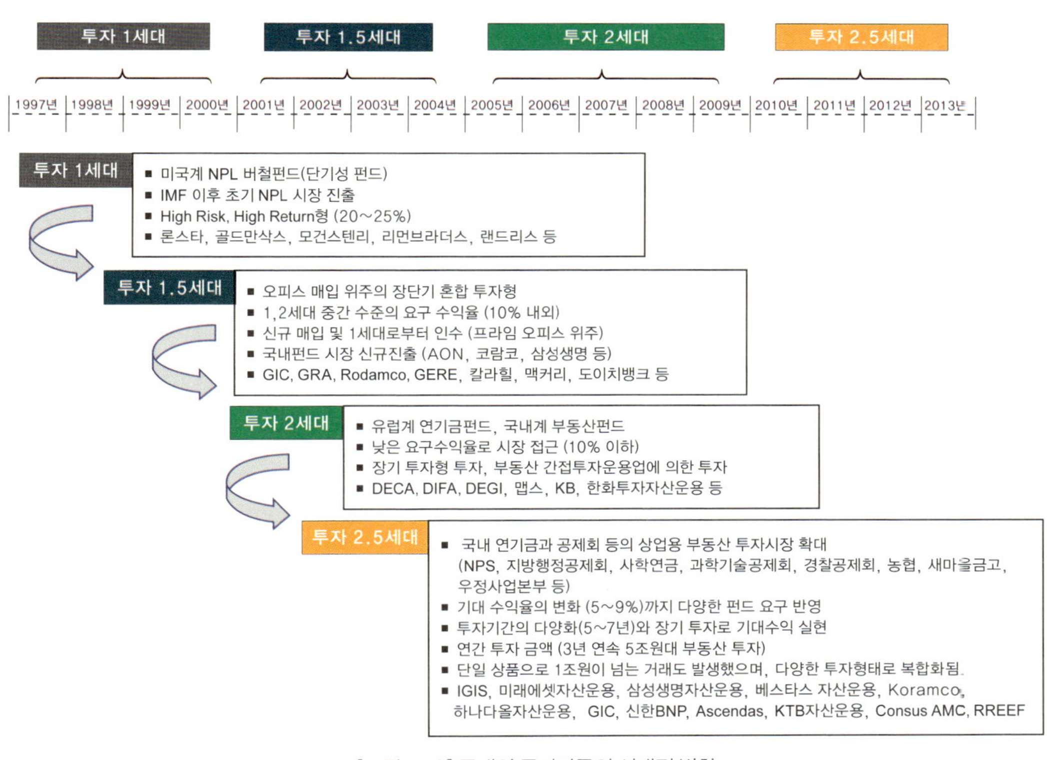

[그림 1-2] 국내외 투자자들의 시대적 변화

작되고 있다. 즉, 투자 3세대의 움직임이 일어나는 시점으로 볼 수 있으며, 평당 2,650만 원의 매각가를 기록하며 평당 3,000만 원 가까운 매각가를 기대하는 시장으로 성장하고 있다. 기대 반 우려 반의 목소리가 많지만, 다시금 외국계 투자자가 안정적인 서울 시장으로 진입하고 있다는 시그널은 긍정적인 반응으로 판단된다. 단, 최근 거래가 진행 중인 대형 오피스 빌딩의 경우 평당 매각가가 2,400~2,700만 원까지 마켓가격(Market Price)으로 오르내리고 있으나 임대가의 매년 인상률은 연 3%를 넘기지 못하는 점도 투자에 주요한 변수로 작용할 수 있음을 기억해야 할 것이다.

국내외 우량 임차인의 경우 기존 빌딩과 신축 빌딩을 크게 구분하고 있다는 점과 기존 빌딩이 신축 빌딩에 비해 경쟁력이 떨어지고 있다는 점 그리고 좋은 Location이냐? 그린 환경이냐? 도 투자 및 임차에 대한 선택에 주요한 변수가 되고 있는 점도 주목할 만한 부분이다.

실질적으로 국내 대기업의 자산관리회사의 경우 사옥, 공장, 창고, 콘도미니엄, 리조트 등의 다양한 시설관리와 자산관리를 하고 있으며, 2000년 들어 상업용 부동산인 오피스에 국내외 투자자들의 집중투자로 외국계 자산관리의 주요한 업무 영역이었던 PM업무가 확대되기도 하였다. 2014년 현재 국내 주요 기관투자자들의 오피스 빌딩 자산관리의 경우 외국계 PMC가 약 50~60%를 운영, 관리하고 있으며 국내 PM사와 FM사들이 경쟁적으로 자산관리 입찰에 참여하고 있다. 이러한 이유로 자산관리를 위한 자산관리 운용 수수료(PM Fee)가 평균 평당 800원~1,500원에서 약 20%~30% 할인된 금액으로 경쟁적인 입찰이 진행되고 있다. 이것은 건물관리와 임차인의 서비스 품질을 저하시키는 요인이 될 뿐만 아니라 고급 서비스(프라임급 호텔 FM 서비스 및 Global Asset Service +)의 진입을 더디게 하고 있다.

Rank	Inuestor	Building Name	No. of Bldgs	Total GFA (sqm)
1	MAPS	MAPS Songpa Tower, Pacific Tower, Dahn World, Jinsung, Alpha, Gateway, Stadia, Ace Tower, Fila, Korea, Kims I&D, Lassal Tower, Glostar, Mirae Asset, building, Fila, Shindorim Building, Daeshin Securities, HG, Hansol building	17	616,816
2	Koramco	STXNansan Tower, Doosan Hanaro, Sigma Tower, YTN Tower, Hansol M com, Dacom HQ, LG, Dadong, Daewoo Yangdong, Geoyang Building, Seoul City Tower, Central Tower, KB Yeoksam, Samwha Building	13	523,067
3	GIC	Seoul Finance Center, Prime Tower, Kolon HQ, Premier Place, Gangnam Finance Center	5	411,154
4	Morgan Stanley	Daewoo Center, Trust Tower, Samsung Plaza (Office)	3	193,587
5	ING REIM	CJ building, Eunsuk, ING Tower, Seoul Mobile Telecom HG	4	166,550
6	O stara (Ajia)	K1 REI Ts bldg, O stara JR Tower, Pantech R&D	3	138,903
7	DB Real Estate	HSBC, Samsung Life Chungmuro, Samsung Life, Samsund-dong, Samsung Life Yeouido Building, Tongyang Securities Building	5	120,407
8	Mac quarie	Kukdong Building, M Tower	2	109,426
9	Midas Asset	Namsan Trapalace, Myeonji Building	2	101,543
10	PPIM (Prudentia)	Northgate, Nara Finance	2	85,808

[표 1-1] 2010년 국내외 자산운용사의 투자물건 현황(오피스 빌딩)

순위	투자자/운용사	물건명	물건수	연면적(평)
1	코람코	삼성생명동여의도빌딩(구 대한빌딩), LG다동사옥, 시그마타워, 서현신영타워, 서울시티타워, STX남산타워(구 양동빌딩), KB역삼빌딩, 타임스퀘어 업무동, 대한전선빌딩, 우리은행전산센터(잠실), 여의도종합스포츠센타(유도회관빌딩), 청진12~16지구 A/B동, RSM타워, 용산 더프라임, 파인에비뉴B동, 강남P타워, 현대상선빌딩	15	259,788 (858,803m²)
2	삼성생명	삼성생명대치2빌딩, 에이스타워, HP빌딩, KTB네트워크빌딩, 한국감정원사옥, 삼성본관, 삼성생명송파빌딩, 강남메트로타워(구 논노), 삼성생명동교동빌딩(구 대아빌딩), 삼성생명서현빌딩(구 대우자판분당빌딩), ㈜휴비스사옥, SK증권빌딩, 삼성생명대치타워(구 세종증권), 삼성생명반포빌딩(구 영풍빌딩)	14	120,902
3	IGIS (이지스)	초림빌딩(구 주주시티), 지이탑빌딩, 트리스빌딩(구 하나로), 트윈트리, G타워, 지밸리 비즈플라자, 동일타워, SK남산그린빌딩, SK구로사옥(업무B동), POBA Tower(구,파로스타워, 강남N타워), 임광빌딩신관, 임광빌딩본관	12	140,845
4	미래에셋	Center 1, 플래티넘타워, 신송센터, 하나증권빌딩, Capital Tower(구,한솔빌딩), 분당퍼스트타워, 미래에셋플레이스, PCA라이프타워(구, 라살타워), 미래에셋빌딩	9	139,270
5	하나다올	두산건설 사옥, 다동센터, 동양증권 을지로사옥, 수서효성빌딩, SK서린동사옥, 하나대투증권빌딩	6	99,203
6	GIC	서울파이낸스센터, The Exchange Seoul(구, 코오롱빌딩), 프리미어플레이스(구 무교빌딩), GFC(강남파이낸스타워), 한국정보화진흥원	5	119,244
7	신한BNP	스테이트타워 광화문, 삼성제일빌딩, 아비스타빌딩, 대우조선해양빌딩(구, 산은캐피탈 본점사옥)	4	30,855
8	KTB	MBC경영센터빌딩, 플래티넘타워(구 KT아이컴빌딩), 경동유니온빌딩, 베르디타워(구 현주컴퓨터사옥)	4	25,266
9	PREEF	대우건설 신문로사옥, 알파빌딩(구 광은), SK순화동빌딩	3	27,214
		총 합계	71	912,586 (3,016,813m²)

[표 1-2] 국내외 투자회사의 소유 부동산 현황(오피스를 중심으로. 2014년 1/4분기 기준)

오피스 빌딩 임대자산관리 입문과 실무

투자자산으로의
투자시장 변화

[그림1-3] 그림에서는 투자자산으로의 상품으로 부동산에 투자하는 구조를 설명하고 있다.

[그림 1-3] 투자자산으로 부동산에 투자하는 구조

인베스터(Investor)라고 하는 최종 의사결정자인 Equity(자기자본) 투자자가 상업용 부동산 투자를 결정하게 되는데, 우리나라의 대표적인 투자 기관으로는 국민연금(NPS)와 각종공제회와 연기금 등이 대표적이라고 할 수 있다. 농협과 새마을금고 등의 금융기관에서도 다양한 부동산 투자가 이루어지고 있으며, 제1금융권인 은행과 생보사 및 민간 금융기관과 우량 기업의 투자도 곳곳에서 나타나고 있다. 이러한 투자자들에게 다양한 상품(오피스, 공장, 창고, 백화점 및 쇼핑몰, 호텔 등)에 대한 정보와 상품의 투자결정을 돕기 위해 자산운용회사(Asset Management Company)들의 역할이 더욱 절실했다. 이에 인베스트(Invest)의 의사결정을 돕는 AMC들에게 현장의 빠른 정보를 전문적으로 제공해 주는 전문 PMC(자산관리회사 Property Management Company)들의 역할이 점차적으로 증가하게 되었다. 참고로 AMC의 역할로는 자산관리 및 업무 위탁사로 회사의 부실채권이나 부동산을 매입하여 관리하면서 출자전환, 신규자금 지원(금융 조달) 등으로 정상화시킨 이후 매각, 처분하는 일을 전문으로 하는 기업이다. 동시에 부동산 개발, 채권추심, 신용조사 등의 업무도 공유하게 된다. PMC의 경우 AMC가 발주한 상업용 부동산 자산의 관리, 운영 업무를 주로 하게 되며 시설 운영관리의 예산편성, 지출편성, 시설관리 업체의 통제와 지휘 권한을 갖고, 가장 중요한 임차인 유치 및 관리 업무를 진행하게 된다. 결과적으로 Investor → AM → PM →FM 순으로 업무가 나뉘게 되며, 이러한 각각의 고유 기능 강화로 임차인의 근무 환경이 최적 상태가 되도록 서비스한다. 또 우량 임차인의 유치 및 유지로 자산가치를 높일 수 있도록 협력적인 관계가 유지되도록 한다. 최근 투자자들(Investor)의 경우 PM회사를 직접 만나 현장 임대마케터(Leasing Manager)를 통한 시장 상황과 미래 예측에 대한 검증을 진행하고 있다. 또한, PM사에서 투자자들에게 직접 오피스 빌딩의 대한 상품성을 설명하는 경우 등 다양한 PM 업무의 성장이 나타나고 있다.

4

자산관리 전문가 소개

Asset Manager(건물운용 자산관리) : 건물의 매입, 매각과 자금 조달 및 수익률 검토가 이루어지며, 자산의 평가와 투자 분석 그리고 포트폴리오 관리 및 분석과 각각의 의사결정을 도모한다.

Property Manager(건물 자산관리) : 건물의 운영관리에 필요한 예산 수립과 실행(수익/비용 예측)을 진행하며, 임대관리(전략 수립, 계약 체결), 기술적 자문(건물관리), 입주사 서비스(임차인 만족도 조사 및 개선), 자산관리 시스템을 운영(MRI)한다. 또한, 전체적인 자산관리, 회계관리, 임대마케팅의 큰 부분을 기획하고 진행한다.

Facility Manager(건물 시설관리) : 빌딩의 운영 및 관리의 실제적인 부분을 담당하며, 시설 운영관리, 주차관리, 경비 및 보안관리, 에너지관리, 인적자원관리, 미화관리, 입주사관리 등의 업무를 진행한다. 가장 중요한 것은 건물의 사용자와 고객을 직접적으로 만나는 최일선의 직무를 수행함

[그림 1-4] 자산관리의 분야별 주요 업무[2]

으로 직무 교육과 서비스 교육에 대한 주기적인 업무 수행 평가와 기술이 수반되어야 한다.

---

2 CBRE Asset Service Team, 이환성, "분야별 주요업무", 재구성

　　　　　　오피스 빌딩 임대자산관리 입문과 실무

5

부동산 관리와
자산가치와의 관계

부동산의 가치 상승은 총 5개의 항목을 통해 이루어 낼 수 있다.

첫째, 운영비 절감이다. 계획적인 유지관리를 통해 장비 교체비와 수선비를 줄여 결과적으로 운영비를 절감시키는 효과를 볼 수 있다. 빌딩 운영자의 입장에서 비용 예측의 중요성과 낭비되는 항목을 철저히 조사하여야 한다. 에너지원의 단가 추이를 살펴보면 화석연료 비용이 지속적으로 높아져 2000년 대비 등유는 300% 이상, 도시가스는 200% 이상 요금이 상승되었다. 대부분의 빌딩들이 이러한 한정된 에너지원인 전기와 가스를 사용함에 따라 정부의 에너지 절감 정책에 쉽게 대응하기 어려운 상황이다. 이러한 이유로 임차인에게 관리비 상승을 지속적으로 요구하는 것에도 한계가 있으며, 손해를 감수하고도 빈 공간의 설비 시스템이 운영되어 에너지 낭비의 상황이 발생하기도 한다. 에너지 절감을 위해 쉽게 고효율 설비 시스템의 교체 또는 개, 보수하여 임차인과 관리자 모두에게 만족감을 주는 경우도 있다. 빌딩 환경에 따라 가스식, 전기식, 축열식 및 중앙·개별식의 적절한 조합을 구성하여 에너지 단가 변동에 대처할 수 있도록 하는 것이다. 또한, 열원 장비, 실내 측 장비, 제어 시스템 등과 통합 연계 운전을 고려하여 투자 비용의 절감과 효율적이 운영으로 긍정적인 요인을 도출할 수 있다. 마지막으로 사용 현황에 대한 모니터링을 통해 데이터베이스를 구축하고 시간대별, 절기별 사용 패턴을 분석할 수 있다면 단가 변동에 따른 정밀한 에너지관리 계획을 수립할 수 있으며 Peak 전력에 대한 대응도 가능해진다. 중 · 소형 규모 빌딩은 이러한 자동 제어 시스템이 제대로 구축되어 있지 않기 때문에 층별 냉난방 불균형이나 에너지 손실이 심한 경우가 많고, 자동 제어가 구축된 경우라도 시스템에 포함되어 있는 다양한 에너지 절감 기능들이 현장에서 제대로 작동되지 않아 비싼 자동 제어 시스템을 원격 제어기 정도의 수준으로 활용하고 있는 건물들이 많은 것을 볼 수 있다.

둘째, 임차인 만족도를 높이는 것이다. 건물의 상태가 항상 깨끗하며, 빌딩의 운영관리가 우수할 때 임차인의 만족도는 높게 평가될 것이고, 이는 결과적으로 낮은 공실률로 이어질 것이다. 임차인의 만족도 조사에서 가장 높은 불만 요소는 중앙 통제식의 냉난방 규제였다. 08시부터 18시까지 냉, 난방 운전 서비스는 임차인의 특성과 Needs가 반영되지 않은 일방적인 건물주의 운영 통제로 볼 수 있다. 임차인의 빈번한 야근으로 연장 운전 서비스를 제공하여 업무 효율을 높여 줘야 할 것이다. 관리비는 매년 상승하는 데 반해 서비스와 유틸리티 운영은 과거와 크게 달라진 것이 없기 때문이다. 임차인이 체감할 수 있는 서비스 품질 개선은 바로 이러한 임차인의 Needs 파악이 우선일 것이다. 냉, 난방기의 개별 설치도 임차인

에게는 추가 비용이 들고 있으며, 불허하는 빌딩의 경우는 더 큰 불만 요인으로 작용하기도 한다.

셋째, 건물 기능의 강화와 빌딩 정보관리 활용이다. 적절한 예방관리 프로그램을 통해 건물의 설비가 최적화 상태로 유지, 가동되도록 하며 설비의 수명이 연장되고, 임차인의 근무 환경도 쾌적하게 유지되도록 해야 한다. 임차 공간과 임차인에 따른 비용관리 체계 없이 경험치에 의존한 빌딩운영은 수익성 개선 활동을 위한 논리적인 대응이 어렵다. 건물의 History에 대한 정확한 데이터를 확보하고, 추후 유지 · 보수나 설비 교체와 같은 종합적인 빌딩 환경 및 성능 개선을 위한 투자 및 의사결정 시에 중요한 Check List도 확보해야 할 것이다. 유지 · 보수 비용에 대한 원단위 인덱스를 매년 측정 관리함으로써 어떤 부분이 우선적으로 개선되어야 할지와 그에 따른 비용 투입에 대한 의사결정에 도움을 줄 수 있다. 또한, 건물 운영일지와 실내 근무 환경 데이터를 수집하여 관리하게 되면 추후에 수반되는 투자 비용에 대한 정확한 정보를 예측할 수 있을 것이다. 빌딩관리를 위한 기술적인 부분은 에너지 사용량에 대한 비용관리와 수입, 지출에 대한 변수관리, 변수 조절에 따른 영향까지도 파악할 수 있다. 이러한 기술적인 활용은 설비 재투자를 통한 건물 성능 향상으로 개선되는 비용 외에도 데이터 축적과 분석을 통해 20~30% 이상 비용 절감을 가능하게 할 수 있다.

넷째, 자산가치의 극대화와 빌딩 성능 향상이다. 단계적 투자와 운영 비용의 절감과 고객 유지율의 제고 및 신규 임차인을 통한 임대 수입의 증가는 자산가치 극대화를 이루어 내는 주요 변수가 된다. 또한, 임대인은 공용 공간에 대한 철저한 환경 개선에 집중할 필요가 있다. 가용 예산과 목표 수익률에 근거한 단계적 CAPEX[3] 계획, Master Plan에 근거한 우선순위 결정과 투자 집행 활동이 연계되도록 해야 한다. 빌딩의 얼굴인 로비와 엘리베이터 홀, 어둡고 청결하지 못한 주차 공간 등은 임차인과 방문 고객 모두에게 중요한 메시지가 될 수 있기 때문이다. 이러한 사무 외부 환경과 유동 인구에 대한 차별화된 서비스와 적절한 대응 시스템은 임차인 유치뿐만 아니라 매각 시 가치 평가에서도 중요한 평가 요인이 될 수 있다.

다섯째, 고객 유지율의 제고이다. 고객 즉, 임차인이 만족하게 되면, 계약 종료 전 재계약이 성사될 가능성이 높고, 이는 고객 유지율의 안정화로 이어지며 공실률 제로 충성 고객을 늘리는 계기가 되어 고객 이탈에 대한 비용 절감 효과가 나타난다. 이러한 다섯까지 항목을 통해 가산가치를 높이고 건물의 운영 수입도 극대화시킬 수 있다.

오피스 빌딩의 관리에 있어 공실 발생으로 인한 수익성 악화를 비용 절감이라는 부정적인 방법을 통해 진행해 왔다. 그러나 수익성을 높이기 위한 비용 절감은 결과적으로 임차인의 만족도를 떨어뜨려 이탈 현상을 발생시키는 악순환을 맞게 되었다. 이러한 수익 악화와 임차인 이탈을 방지하기 위해서는 장기적인 개, 보수를 위한 빌딩 운영 계획을 수립해 놓아야 한다. 이때 주의할 것은 임차인의 불편을 최소화하는 의사결정을 내려야 할 것이며, 빌딩의 노후도에 대한 정확한 수선 시기를 파악하고 우량 임차인의 이탈을 방지하여 장기 공실이 발생하지 않도록 해야 한다. 노후된 빌딩의 경우 임차인의 Quality가 떨어지는 임대차 계약이 진행되고 그로 인해 빌딩의 이미지가 하락하게 된다. 이에 결과적으로 관리의 어려움과 동시에 자산가치가 하락할 수 있다.

빌딩의 가치를 높이는 일은 단순한 기술 분석이나 제품 교환이 아닌 빌

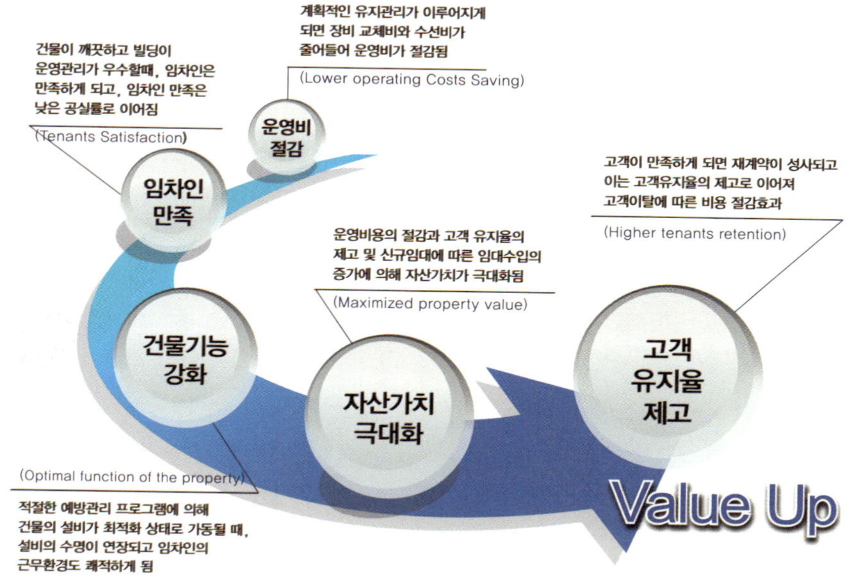

딩 운영을 이해하는 전문가적 진단과 정보의 분석, 솔루션 도출의 업무가
필요하다. 사업 목표와 시장에 맞는 솔루션 제안과 적용 그리고 통합 비용
절감 등이 함께 이루어져야 하며, 효율적인 임차인관리와 Relationship 유
지를 통해 운영 비용 절감과 임차인 만족을 통한 고객 유지로 성공적인 빌
딩관리 운영을 이루어야 할 것이다.

PART 2
자산관리 분야별 역할

PM과 LM 실무와 개념

1) PM 실무

PM자산관리의 정의로는 일정액(수수료)을 받고 부동산 소유주를 대신하여 수익용 부동산의 운영(Operation)을 감독, 관리, 운영하는 업무를 말하며, 이 업무를 수행하는 사람을 자산관리자(Property Manager)라고 한다.

건물 자산관리학 측면에서 상업용 빌딩의 경우 '취득, 관리−운영, 처분'의 3단계로 구분하고 전체의 의사결정을 아래의 표와 같이 설명하고 있다. 물론, '관리−운영'이 가장 높은 비율을 차지하고 있지만, 실질적으로 시장의 상황을 살펴보면 전체의 70~80% 정도 의사결정이 '취득' 단계에서 이루어진다고 볼 수 있다. 취득 단계에서 이미 관리−운영 수익(임차인의 기대수익 분석, 임대수익, 관리수익, 공용시설물의 수익 등)이 예측되며, 매각하는 경우의 시나리오(Scenario)까지도 준비할 수 있다.[4]

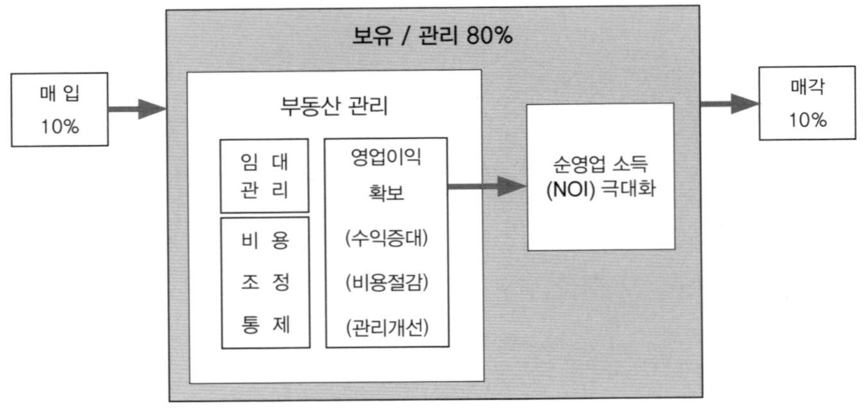

[표 2-1] 자산관리 운영의 중요도[5]

생애 주기별로 취득(매입) 단계에서는 건물실사(Due Diligence Check List)를 통해 건물의 수선, 진단 교체와 점검 보수 등의 업무가 진행된다. 이 단계에서는 과거의 수선 및 개선에 대한 빌딩 History를 확인할 수 있으며, 이러한 DDCL(Due Diligence Check List)을 통해 추가적인 비용을 미리 예측할 수 있다. 결과적으로 유지관리 비용의 최소화와 관리 효용의 극대화를 통해 자산가치를 높이는 데 목적이 있다.

취득 및 신축 단계에서 가장 주요한 요소로는 시장조사 분석을 선행하여야 하며, 건물 투자의 목적을 명확하게 설정하고, 자산실사와 자산 업무를 결정하여야 한다. 또한, 관리 운영 방안의 검토(직영운영, 아웃소싱운영)와 매입 등의 소유권 이전 시 필요한 사항을 체크한다(법무법인, 회계법인, 전문 컨

---

4 건물의 총 생애 비용 비중은 '일본능률협회'가 조사한 연구 자료에 의거하여 기획 · 설계 비용(0.4%), 건설 · 시공 비용(16%), 운영관리 비용(83.2%), 폐기처분 비용(0.4%)으로 조사되었음. 통상적인 BLCC(Building Life Cycle Cost)는 취득(10%~20%), 보유 및 운영관리(70%), 처분(10%)의 기준을 가지고 있으며, 최근 투자목적의 생애 비중을 살펴보면 취득 단계에서 70~80% 이상으로 가장 중요한 단계로 제시되고 있음(기관투자자 및 금융권 인터뷰_2013년 1/4분기~2014년 1/4분기).
5 건물자산임대관리론, 김일효, 남두도서(2009)

                                   오피스 빌딩 임대자산관리 입문과 실무

설턴트, 전문 PMC, LM 업무 협조 등의 전문가 조언 필요).

추가적으로 금융 관련 자금 조달 준비와 경제성 검토, 계약 체결에 따른 Risk Check와 법무법인을 통해 이전등기 업무를 진행한다. 이때, 전문 PM사를 통해 인수인계 작업에 준공 또는 매입 2개월 전과 이후 업무 진행을 준비해야 한다.

위의 보유 운영관리의 내용을 살펴보면, 크게 임대관리, 비용의 조정·통제 기능이 있으며, 영업 이익의 확보로 수익 증대와 비용 절감 효과, 관리 개선 효과를 기대할 수 있다.

보유 및 운영관리의 핵심 사항으로는 최소 유지관리 비용(Operation Expense Minimum)으로 최적의 자산관리와 상태를 유지시켜야 한다. 이를 통해 관리 효용 극대화를 통한 운영수익 극대화와 사회적 공급자로의 역할을 충실히 이행해야 한다.

PM(Property Management)란 건물자산관리를 위한 자산관리 실무 단계로 투자자산의 효율적인 시설관리, 임대관리, 유지관리의 지출과 통제 그리고 수입관리를 통해 투자수익을 극대화하는 운영관리 서비스 활동이다. 건물을 취득하기 이전부터 AMC로부터 건물 취득을 위한 사전 정보(마켓 보고서, 임대 시장 분석, 운영관리 보고서)와 매입 의사결정 직전의 건물실사 보고서(Due Diligence)를 통해 건물의 내구성, 설비 노후도, 개선 사업의 필요성 등을 검토하고 임차인과 계약 내용에서도 본 검토 의견이 중요한 바로미터가 된다.

AMC를 통해 건물 매입이 이루어지면 지명경쟁 입찰 등을 통해 PM사들의 경쟁적인 Proposal이 제출된다. 이렇게 제출된 PM 용약 제안서(Property Management Proposal)를 통해 건물소유자나 투자자들이 자산운용관리회사 선정을 진행하게 된다. 적정한 운용 수수료를 제안한 PM사에 대해 계약을 체결하고, 최소 1년 이상~3년 이하의 자산관리 용역 계약을 체결하도록 한다.

중요한 업무로는 PM 고유의 임대관리와 FM사의 용역관리를 통해 비용의 통제, 관리 감독의 업무 수행과 자산운용 비용(Property Operating Cost)을 절감하고 임대 소득을 증가시켜 수익성을 극대화함으로써 AM에 대한 자산운용 지원 역할과 함께 부동산가치 상승을 도모하는 것이다.

2) PM의 역할

주변 시장 파악 및 세금 관련 사항을 살펴보면, 경쟁 빌딩과의 경쟁력과 주변 오피스 빌딩에 대한 현재 담당하고 있는 빌딩의 적정 포지셔닝(Positioning)과 역할, 준비해야 할 서비스와 응용 단계를 설정하도록 한다. 조세 관련 내용과 추가 분담금(직영운영에 따른 중과세 등)이 부과되는지 여부 등도 파악해야 한다.

임대 시장 동향 및 임차인 정보 수립의 필요성이 요구된다. 서울의 주요 오피스 타운을 제외한 기타 지역의 경우 가장 어려운 부분이 시장조사에 대한 것이다. 대부분의 PM사들의 분기별 마켓 리포트의 경우 서울을 중심으로 시장 상황을 발표하고 있기 때문이다. 물론, 몇몇 회사들의 경우 지방 광역시의 대형 오피스 빌딩 위주로 임대 시장과 매매 시장에 대한 자료를 공유하고 있지만, 세부적인 시장을 이야기하기엔 한계가 있다.

시장조사와 분석에는 거시적인 경기 동향과 미시적인 상업용 부동산 시장 동향을 파악하고, 현장 조사를 통해 명확한 시장 현황와 미래를 예측할 수 있어야 한다. 또한, 임차인의 경영 상태를 수시로 체크하여 확장, 축소, 이전 등의 사전 분위기를 파악하여야 한다. 또한, 경기 동향과 관련된 연구 발표 자료를 습득하고 임차인과 수준 높은 대화를 이어 갈 수 있어야 한다. 임대료 인상 계획 수립과 동시에 임차인들이 받아들일 수 있는 시장 상황인지를 파악하여 재계약 및 신규계약을 위한 협상을 준비한다.

빌딩 운영 수입과 지출 예상 부문이다. 적정 임대료 산정을 통해 현재 임대료의 위치와 미래의 인상 가능성을 파악하고 준비할 수 있도록 한다. 이때 중요한 것은 무리한 임대료 인상이 되지 않도록 하며, 관리비 인상에 대해서도 논리적으로 면밀한 준비를 해야 한다(임차인이 이해할 수 있는 설득력 있는 서비스와 안내 홍보를 진행함). 임차인 이전 계획 파악이 필요하며, 임차인과 좋은 관계(Relationship)를 유지하여 시장 상황을 서로 공유할 수 있어야 한다. 만약 이전하더라도 현재 빌딩에 대한 좋은 이미지를 남겨야 하며, 다시 돌아올 수 있는 가능성이 높다는 것도 인지하여야 한다. 또한, 해당 빌딩과는 전혀 관계없는 예정 임차인의 경우 건물에 대한 히스토리(History) 와 소문(긍정적인 내용과 부정적인 내용)이 마켓에 돌기 때문에 상당히 주의해야 한다. 세무, 행정, 법정 대상에 대한 지출을 준비하여야 한다. 또한, 건축, 기계, 전기 등 자산의 상태에 대해 숙지하고 추가 지출이 있는지 반드시 살펴야 한다.

안정적이고 높은 수준의 관리 상태를 유지하고, 주변 지역에서 높은 경쟁력을 가져야 한다. 건물의 노후는 어쩔 수 없으나 청결 상태, 관리 운영 상태는 최상의 컨디션을 유지해야 한다. 또한, 적절한 유지 · 보수 및 CAPEX 진행으로 임차인의 건물 사용과 고객 서비스에 최선을 다해야 한다. 신축 빌딩의 공급과 해외 선진 사례에 대한 자료 수집과 현장 체험을 통한 서비스 개선 노력이 지속되어야 하며, 건물의 규모와 상관없이 꾸준하게 진행되고 있다는 인식을 심어 주어야 한다. 도심의 경우 오래된 빌딩에 우량 임차인이 장기 임차하여 움직이지 않는 경우를 종종 볼 수 있다. 이런 경우 관리비 지출에 대한 임차인의 평가가 높은 것을 알 수 있다. 결과적으로 건물의 유지 · 보수와 서비스 개선을 위한 기획, 노력, 고객의 소리, 만족도 조사 등으로 확인된 내용을 수선 계획 홍보, 수선 시기, 수선 목적, 수선 이후 확인 상황 등을 종합적으로 안내하여 임차인에게 더욱 다가서는 서비스를 보여 주어야 한다.

임차인 이전 방지 대책을 수립한다. 임차인의 만족도 조사와 현황을 파악하고 개선 방향의 계획 수립과 동시에 불편 사항에 대해서는 곧바로 실행으로 옮겨야 한다. 임차 담당자와의 지속적인 관계 유지가 필요하다. 다만, 친분을 쌓는 일은 다소 주의해야 하며 인간적인 친밀도가 너무 높으면, 상호 아쉬운 부분(임대료 인상, 퇴거, 이전, 사무실 환경 개선 요구 등)을 이야기할 때 곤란할 수가 있다. 공과 사를 구분하되, 너무 격을 따지지 않도록 하며 서비스에 대한 충성도를 경험할 수 있도록 해야 한다.

관리 직원의 서비스 수준 향상이 필요하다. 주기적인 관리, 운영 서비스 교육 실시(형식적인 교육이 아닌 외부 전문가 교육_월 2회 이상_직원들의 필요 항목과 AM과 PM사의 요구 사항 확인), 직원 복지 및 현황에 관심을 갖도록 하며, 직

오피스 빌딩 임대자산관리 입문과 실무

원들의 사기진작을 위한 이벤트도 PM사에서 관심을 가져야 한다. 대부분의 시설관리 직원의 경우 점심 식사를 직접 만들어 먹거나 도시락으로 해결하는 경우가 많은데, 이럴 경우 주 2회 정도 PM사에서 간단한 음식(중식당의 요리나 건강식 등)을 제공하여 서비스 용역근무자들의 동기 부여를 북돋아줄 필요가 있다. 실례로 강남의 대형 오피스 빌딩 중식당을 운영하는 경영진이 매주 2~3회 중식 요리를 FM 용역직원들에게 제공하여 서비스 품질을 높이고, 능동적으로 업무에 임할 수 있는 동기 부여에 성공한 사례가 있다. 결과적으로 적극적으로 일할 수 있는 분위기에 상호 신뢰와 전문 분야에 대한 인식과 대우가 좋은 결과를 낳은 경우이다. 그리고 능동적이며 부서 간 유기적인 관리 시스템을 구축하도록 하고, 전문가라는 자부심을 보안, 미화, 설비 등의 모든 관리자가 느낄 수 있도록 해야 한다. PM 업무를 진행하는 대부분의 현장 직원들의 경우 평균 연령이 낮다는 점과 FM 업무를 진행하는 현장 경력자들의 경우는 40~50대가 넘는 경우가 많기 때문에 이들의 수직적인 관계에 대한 불편함과 업무에 대한 상호 이해, 전달 부분에 대한 협조가 원만하지 않을 수 있다. 이를 개선하기 위한 노력으로 주간 미팅과 보고 시간이 아닌 저녁 회식 및 식사 자리를 통해 자유로운 토론과 업무 지시 사항에 대한 협조 그리고 어려움을 상호 토의하여 긍정적인 방향으로 업무 진행을 유도하는 것이 필요하다.

3) PM의 비용관리 역할

PM의 주요 업무 중 하나로 건물 자산 수익과 비용관리 등의 지출관리가 있다. 건물 자산관리의 주요 항목을 살펴보면 아래와 같다.

　-임대 수입 분석 : 기존 임차인 유지를 통한 임대 수입과 예정 공실과 신규 임대차 계약 진행에 대한 예측과 예상 수입 발생 시점과 적정 임대료, 관리비 등을 예측한다. 수요와 공급에 대한 빌딩의 Positioning을 정확하게 진행해야 하며, 주변 공실 조사와 신축 빌딩 공급량 그리고 리모델링 공급에 따른 추가 공실 조사, 이전 예정 기업 확인을 통한 예상 공실까지 조사되어야 한다. 기존의 오피스 전문 기업의 분기별 리포트의 경우는 시점이 한참 지난 리포트가 공급되므로, 현실에서 직접적인 현장마케팅에는 한계가 있을 수 있다.

　-자산관리 비용 분석 : 관리비의 지출로 직접관리비, 간접관리비, 건물 감가상각비, 세금 관련 각종 공과금 및 추가 비용(기타 공과잡비)과 차입 운영비의 원금 및 이자상환 비용과 기타 유지관리 비용이 있다.

4) LM 실무

　LM조직은 PM조직 내부에 두어 PM의 통제 아래 업무를 수행하는 국내 기업의 형태가 있고, PM조직과는 별도로 순수 임대마케팅의 전문 조직으로 운영되는 외국계 회사의 경우가 있다. 100년 이상의 기업자산 운영관리 경험이 있는 CBRE, JLL, Savills, C&W의 기업들은 임대대행 및 임차대행 서비스를 별도의 운영조직으로 나누어 경영마케팅하고 있으며, 철저한 업무 분장을 통해 순수 임대마케팅에 집중할 수 있는 업무 기준을 가지고 있다.

LM의 업무는 임대기획 및 계획, 임대마케팅(Landlord Representative Marketing)과 임대차 계약 행위, 임대차 사후 관리 업무로 나눌 수 있다. 건물관리의 가장 중요한 핵심 부분이며, 건물의 라이프 사이클에서 80%를 차지하는 부분 중에 임대관리는 50% 이상의 중요성을 차지한다고 평가할 수 있다. 임대관리 효과로는 임대수익 극대화를 통한 자산가치 증진과 향후 시세차익(Capital Gain)을 발생시키는 주요한 수단으로 활용된다.

임대마케팅(Landlord Representative Marketing)의 수행으로 대상 건물의 모든 컨디션(건물의 면적, 시설 수준, 각각의 세부 항목 체크 등)을 파악하여, 최소한의 기간을 통해 임대 업무를 완료할 수 있어야 한다. 임대대행 업무의 자격을 갖는 자로는 첫째, 경험적 지식이 많은 팀장이 리더로 있어야 한다. 임대대행 및 마케팅 업무는 신입 직원의 교육을 통해 진행할 수 없는 업무이며, 마켓의 경험과 임차인의 설득, 시장 설명, 임대조건 협의, 계약서 협의(법률적 지식) 등의 전문 지식을 요하기 때문이다. 둘째, 건강한 몸과 마음을 가지고 있어야 한다. PM관리자의 3대 원칙 중의 하나인 윤리적 기준이 필요한 업무로서 건강한 육체를 통해 마케팅을 진행하는 데 있어 어려움이 있어서는 안 된다. 예를 들어 흡연자는 다소 불편을 줄 수 있으며, 항상 정갈한 옷차림과 깔끔한 용모와 태도 그리고 안정적인 설명이 가능하여야 한다. 또한, 윤리적인 부분은 현금을 다룰 수 있는 만큼, 건강한 마음의 소유자로서 고객을 응대할 수 있어야 하며 실수가 유발되어서는 절대 안 된다. 모든 업무의 마무리가 "임대차 계약"으로 종결되는 만큼 한 번 잘못된 설명이나 서비스는 계약 날인 취소나 계약 이후 비용 청구에 문제가 발생할 소지가 많다.

LM 업무는 임대인 즉, 건물주를 대신하는 것이므로, 품위와 태도 그리고 예의 바른 습관이 몸에 배어 있어야 하며, 전문적인 시장에 대한 지식과 통찰력과 학습이 동반되어야 하는 매우 중요한 업무이다. 부동산의 다른 마켓에 비해 업무의 강도가 높으며, 시장의 변화도 빠르게 진행되고 있어 경쟁 빌딩과 경쟁 요소, 시장의 거시적·미시적 영향 등과 세계경기 지표와 국내 경기 및 동남아시아 경기까지 다양한 분야의 전문 지식을 습득하여야 한다. 또한, 해외 오피스 빌딩 사례를 통한 경험적 지식 습득은 국내 투자 오피스 빌딩의 마케팅에 좋은 학습 효과를 줄 것이다. 결과적으로 꾸준한 자기관리와 학습 그리고 건물주와 임차인, 기업과 관리자 등 모두와 좋은 관계(Relationship)을 가져야 하며, 부지런한 습관과 함께 Win-Win-Win 서비스에 대한 고민을 통해 상대방의 의사결정과 선택에 도움을 줄 수 있어야 한다.

5) LM마케팅의 주요 역할

기업이 결합, 합병하거나 이전하는 경우 임차수요가 발행할 수 있다. 기업 M&A가 일어나면 우리 건물로 통합해서 들어오거나 인근 빌딩으로 결합해서 나가는 경우가 발생할 수 있으므로, 경기 동향과 임차기업의 상황을 수시로 살펴야 한다(경제 신문 및 내부 경영진과 긴밀한 대화, 협조 및 Relationship 유지).

사업의 변화로 추가 임차 공간 확보 또는 축소가 불가피한 경우 이전수요가 발생할 수 있다. Global 경기 침체와 활황 모두의 경우 임차 공간의 추가 확장 또는 축소 경영이 일어난다. 이럴 때, 계약서 조항에 따라 원칙을 적용하는 경우가 일반적이나 임차기업의 상황과 여건을 면밀히 검토하여, 장기적인 Anchor Tenants로 만들 수 있어야 한다. 현재 어려워서 나간다고 할지라도 반드시 돌아오는 상황을 만들어야 한다. 기업은 살아 있는 생물과 같기 때문에 언제고 유동적인 상황이 발생할 수 있음을 기억하고 충분한 대비책을 가지고 있어야 한다.

빌딩의 임차인 구성에 불만이 있을 경우로 최초 입주한 기업이 뒤이어 들어온 임차인에 대하여 불편함을 호소하거나 이전을 계획하는 경우이다. 구성원의 면적과 계약 기간 그리고 사용 면적에 대한 장기적인 확장성 등을 고려하여, 누구를 잡을 것인지를 면밀히 파악하여야 한다. 무조건 대기업이고 우량 Tenants라고 해서 잡는 것은 향후 대형 공실을 만들 수 있는 단점이 될 수 있다.

빌딩소유주 및 자산관리자에 불만이 있는 경우 사옥 이전이 발생할 수 있다. 흔히 자산관리자는 무슨 큰 벼슬을 한 것 같은 착각을 가지고 있는 경우가 더러 있다. 건물에서 거의 왕 노릇을 하는 잘못된 관행인데, 이러한 관리자가 있다면 당장 교체해야 한다. PM 및 LM 담당자는 서비스 프로바이더(Service provider)라는 의식을 철저히 가져야 하며, 임차인이 존재함으로 내가 존재함을 기억해야 한다. 빌딩관리자와 소유자에 대한 불만 요소가 발생되지 않도록 매 순간 철저한 고객 눈높이를 확인해야 하며, 임차인을 돈으로 보는 생각을 버려야 할 것이다. 임차인이 잘되어야 빌딩의 이미지도 올라가고 그 임차인의 후광효과를 보게 될 것이기 때문이다. "잘될 때, 있을 때 빼먹자"는 식으로 임차인이 등골을 빼먹다가는 "악덕건물주 빌딩"이라는 소문의 대상이 될 수 있다. 그렇다고 무조건 임차인의 응석을 다 받아 주라는 것은 아니다.

　빌딩의 안전, 보안에 문제가 있는 경우로 자산관리의 예측 관리에 문제가 생기는 경우이다. 간혹, 빌딩에 크고 작은 화재가 발생하거나 전기가 차단되거나 외부 침입자로 인해 임차인의 업무에 지장을 주는 경우가 있다. 이러한 경우 발생된 하자 및 어려움에 대한 질책보다는 후속 서비스에 만전을 다했느냐에 임차인의 만족도가 극과 극으로 반영될 수 있다. 화재로 오히려 관계가 개선되기도 하고, 누전이나 정전으로 건물주와 임차인의 관계가 돈독해질 수도 있다. 빌딩에서 정전과 같은 전기 관련 사고는 절대 있어서는 안 되지만, 발생된 경우 후속 대응과 서비스는 중요한 요소가 된다. (예로, 대형 빌딩의 정전 사고로 건물주의 대표가 직접 임차인을 찾아다니며 예의를 갖추어 소명했던 경우는 큰 이슈 없이 마무리가 된 좋은 선례라고 볼 수 있다).

　보증금, 임대료, 임대조건, 관리비, 주차 요금 및 주차 대수 등 협의가 원활하지 않은 경우 사옥 이전 수요가 발생할 수 있다. 최근 임차인의 요구 사항이 과거에 비해 상당히 많아졌고, 세련되어졌다. 이러한 임차인에게 대응하기 위해 무조건 비용을 깎아 주는 것만이 대수는 아니다. 주변 시장 상황을 면밀히 분석하고 시장 상황에 맞는 인상, 고정 등의 효과를 년 단위로 협상할 수 있어야 한다. PM 담당자는 임대마켓에 다소 정보가 어두울 수 있기 때문에 이러한 재계약 및 요금 인상의 협상 시기가 되면, LM 담당자와 정보를 공유하거나 함께 동석하여 협상하는 것이 바람직하다.

　빌딩의 이미지가 임차인과 맞지 않는 경우이다. 이러한 경우는 처음에는 잘 맞는 것 같았지만, 시간이 지나면서 대로변 또는 기업 이미지에 빌딩을 맞춰 가려는 임차인의 의도가 강하기 때문이다. 이런 반응이 나온다면, 빌딩도 개선의 노력을 다하여야 한다. 빌딩 이미지 개선은 결국 임차인이 다른 주변 빌딩보다 뭔가 불편하거나 세련되지 못했다는 점이 있을 수 있기 때문에 정확한 지적과 개선 방안에 대해서 함께 논의하는 것이 좋다. 외부 간판의 경우도 그럴 수 있기 때문에 사전 협조와 협의가 중요하다.

결과적으로 임차인의 이전은 첫째, 불편 요소 제거, 둘째, 적정 비용의 지출, 셋째, 서비스의 지속적인 개선, 넷째, 건물주의 공용 공간과 사무 공간에 대한 지속적인 관심, 다섯째, 임차인 만족도 조사 등 개선 상황에 대한 빠른 대응, 여섯째, 건물주와 관리자의 유기적인 협조를 임차인이 느낄 수 있도록 하여 빌딩의 상태보다는 서비스와 지속적인 수선, 청결한 상태 유지를 위한 관리 서비스에 만족할 수 있도록 해야 할 것이다. 일곱째, 고층부·중층부·저층부 등으로 구분된 공간에 임차인의 Quality Control을 필요로 하는 것처럼, 임대료의 차등과 함께 상층부와 저층부의 임차인 구성을 임차인의 이미지와 빌딩 이미지에 맞는 엄정한 심사를 통해 구별해야 한다. 뭔가 특별한 대우를 받고 있다는 의미를 임차인이 느낄 수 있어야 한다는 것이다. 이러한 임차인 이탈 방지와 건물의 최적화를 유지하기 위해서는 PM과 LM의 전략적 업무 공유와 정보 공유, 시장 정보에 대한 민감한 대처가 중요하다.

2

PM과 FM
실무와 운영관리

1) 시설 및 운영관리(Facility Maintenance & Operation)

건축물 유지관리, 설비(공조 설비/급수/엘리베이터 운영/방제/소화 설비)관리, 전기시설관리 업무로 예방 위주의 점검 기능 강화(정확한 연간 운영 계획에 의거한 점검 및 보수 계획)로 건물가치 상승을 이루어 내야 한다. 설비 및 전기등 소모품의 수명 예측으로 사전 고장 최소화(사고 예방 및 기능 확인)와 방지를 실시한다. 또한, 형광등이나 내부 전열, 전등의 일정 기간 사용이 경과할 경우 깜빡이거나 불편 사항이 발생하기 이전에 교체해 주는 것도 중요한 서비스이다. 또한, 시설요원에 대한 정규교육 및 수시 교육(자발적 참여와 복리후생 체크)을 의욕적, 자발적으로 참여할 수 있도록 한다.

2) 청소 및 위생관리(Cleaning Service)

청소 및 위생관리로 일일 업무, 주간 작업, 월간 작업, 정기 소독, 수식 (특별) 소독 등이 이루어지며 건물 내부 청소와 외부 청소 등 일정과 날씨에 맞는 스케줄을 잡아야 한다. 층별, 위치별 담당자 지정제를 도입하고, 임차인과 수시로 접촉이 일어나는 부분이므로 품행, 용모, 대화기법 등의 교육이 필요하다. 취약 부분 집중 관리로는 지하 주차장 및 쓰레기 하역장, 창고 등에 화재 위험 요소를 제거하고 임차인 및 화물 운송을 위한 화물 엘리베이터 운행 등으로 효율적 이동, 배출이 되도록 해야 한다. 입주자 불편 사항을 사전에 체크해야 한다. 화장실 소모품 및 오피스 내부 공간의 쾌적함을 유지하기 위해 청결 상태를 체크하며 습도, 온도 등을 수시로 체크하여 공용 시설과 내부 환경을 확인한다. 마지막으로 공용 공간 순찰로 쓰레기나 불쾌한 요소(바닥 오염, 일회용 컵 등의 방치)를 제거한다. 임차인 및 방문자들의 공용 공간(로비, 엘리베이터 홀, 주차장, 사무실 공간 입구, 복도 등)에 버려진 쓰레기, 침, 껌, 담배꽁초 등을 빠르게 제거해야 한다.

3) 경비 및 주차관리(Security, Car Parking Service)

해당 건물의 이미지에 맞는 보안 근무 운영(보안〈안내〉 : 보안〈안내〉을 진행한다. 건설, 시행, 부동산 관련 업종의 입주가 주류를 이루는 경우는 보안 요원의 평균 연령을 40대 이내로 하여 외부 민원 발생 시 제압할 수 있는 상황으로 준비하여야 한다. 각 연령대별로 장단점을 살펴보면, 30대 이하의 경우는 보안 요원의 이탈이 수시로 나타나 임차인에게 안정감을 주기에 불편함이 있다. 다만, 젊은 사람의 배치로 로비 및 건물 이미지를 경쾌하게 하는 분위기를 조성할 수 있다. 고령의 50~60대를 활용하는 경우에는 임차인의 눈높이를 정확하게 체크하고, 외부인과 내부인을 구분하며 꼼꼼한 관리와 정성 그리고 배려가 눈에 뜨는 장점으로 나타나지만 체력적으로 어려움을 토로하는 경우가 있다. 장점은 요원 이탈의 경우가 낮으며 임차인과 편안한 인사와 안내, 관계를 만들어 안정감 있는 건물 운영에 도움이 된다.

빌딩 임차인의 특성에 맞는 보안 요원 배치(인포메이션과 로비, 주차장 등)이다. 외부 고객이 해당 빌딩에 방문하는 경우 건물 전체 안내 요원과 함께 해당 임차인의 안내 요원으로 이원화된 고객응대가 일어나는 경우가 있다. 전기, 통신, 게임 소프트웨어 업종, 건설 및 법률 관련 회사 등 내부 통제가 엄격한 경우는 보안 요원에 대한 개별 면접까지 이루어지며, 해당 연령층에 대한 임차인의 요구도 나타나고 있다. 또한, 대형 면적을 사용하는 경우에는 인력, 연령층 등에 대한 요구도 있을 수 있다.

적정 연령대를 배치하여 임차인에게 안정감과 경쾌한 이미지를 제공하도록 한다. 건물의 최초 만남이 이루어지는 곳이므로 청결, 표정, 예의, 서비스 마인드 교육을 수시로 실시한다. 또한, 임차인에게 매력적인 인상을 주는 것도 중요하나 임차인 회사로 스카우트되는 경우도 종종 있어 인력에 대한 통제와 관리도 중요한 부분으로 지적될 수 있다. 기계식 주차 설비의 안전 점검 및 운영을 최우선으로 진행하여야 한다. 고장 발생 시 빌딩과 협업 관계에 있는 개인택시 등과 연계된 서비스나 비용 정산 등도 준비하여야 한다. 효율적인 주차장 운영(자주식, 지정 주차, 임원 주차 및 의전 서비스), Peak Time 인력 추가 배치 등도 주차 공간이 적을 경우 더욱 신경

　　　　　　　　　　　오피스 빌딩 임대자산관리 입문과 실무

써야 한다. 방문 고객에 대한 불편 요소를 제거한다. 지하 주차장 이용 안내, 반사경 설치, 구두 안내, 백화점과 호텔, 다중이용시설의 서비스 내용 파악 및 지원 사항을 안내 홍보하도록 한다.

4) 입주사관리(Tenants Service & Management)

입주사 콜 서비스에 대한 신속 대응 처리를 진행하여야 한다. 콜 서비스의 자료화로 해당 건물의 입주사 성향 및 특성 파악을 준비한다. Health Center의 운영은 임차인 대표에게 무료로 사용 제시, 임직원 할인 서비스 등을 제공하여 외부 고객과의 차별적 서비스를 안내한다. 최근 많은 임차인의 요구 사항 중의 하나로 여성 휴게실이 필요 공간으로 부각되고 있다. 모든 임차인이 무료로 이용 가능하도록 하며 수유실, 휴게 및 피부 관리, 안마 등의 다양한 시설물을 배치하도록 한다.

대형 오피스 빌딩의 경우 호텔에서 진행하던 비즈니스 서비스를 수행한다. 피트니스 센터 운영(공통 제공 서비스로 임차인 전용 공간으로 활용함), 전용 회의실 제공(공통 서비스로 임차인 전용 사용을 원칙을 함), 로비에서 지원되는 서비스로는 Greeting Service(방문객 안내 접수 대장 작성 및 입주사 안내), 발레 서비스(Pick & Drop Zone 운영), 보안 서비스(보안 카드 및 보안 요원), 개인 안전 서비스(콜택시와 업무 제휴로 콜 대행 서비스 제공, 배차 시 도착 알림 서비스, 승차 시 택시 차량 번호 기록 서비스, 하차 시 안심 귀가 전화 확인 서비스)를 제공한다. 예약 서비스로 항공, 호텔, 기타 임차인이 요청하는 예약 서비스를 대신한다. 콘시어지(Concierge) 서비스로 우편물, 택배 서비스, 통역 제공, 인포메이션 서비스,

출장 물품 보관 서비스, 의전 서비스, 렌터카 서비스, 공항 픽업 서비스, 케이터링 서비스, 아기 돌봄 서비스, 티켓 예약 서비스 등이 있다. House Keeping 서비스로 식물 관리, 소독, 특별 소독, 임원실 클리닝 서비스, 냉장고 클리닉, 개별 에어컨 청소 및 소독, 카펫 클리닝 서비스 등이 있다. 또한, 세탁 서비스(출근 시 옷을 맡긴 후 퇴근 시 세탁 완료)도 준비할 수 있도록 한다. 기타로 수유실, 도청 감지, 차량 세차 서비스, 구두 수선, 수건 대여, 우산 대여, 휠체어 대여, 자선 콘서트 진행, 휴대폰 충전, 팩스, 복사, 스캔 무료 제공, 택배 보관 서비스, 마사지 의자 제공, 금융 업무 대행, 공증 서비스 등 다양한 준비가 이루어지고 있다. 마지막으로 개별 서비스로 응급치료, 수선 서비스, 분실물 센터, 안경 세척, 문화 여가 강좌 및 이벤트 프로모션, 개인 장비 소독, 차량 점검 서비스(현대, 기아 등 대기업 자동차 회사와 연계)도 준비할 수 있다.

5) 총괄운영 및 관리(Administration)

시설, 미화, 주차, 보안 각 부문들의 효율적인 Co-ordination이 필요하다. 정기적인 교육 프로그램 운영과 해외 빌딩 벤치마킹 프로그램 참여를 독려하여 직원들의 눈높이를 높여야 한다. PM사의 월간 보고서 작성과 검토가 필요하다. 또한, 법정 면허 자격자를 선임하고, AMC 및 PMC의 예산 목표 관리에 적극 동참한다.

6) 에너지관리(Energy Solution)

경쟁 빌딩 선정 및 비교 분석을 진행하며, 주기적인 에너지 모니터링을 실시한다. 현재 사용되고 있는 에너지에 대한 합리적인 에너지관리와 ESCO사업 적용에 대한 검토가 이루어져야 한다. 또한, 조명, 공조 설비, 기타 불필요한 요인을 분석하며 LED 및 에너지 소비 최소 기계 도입과 비용 절감 효과를 검토하고, 관련 유관 기관과 꾸준한 정보 공유를 진행한다. 최근 국토교통부와 창조과학부에서 "그린 리모델링(Green Remodeling)" 정책을 입안하여 개별 중·소형 빌딩의 리모델링 신청을 받고 있다. 이러한 리모델링 정책은 외부 환경 및 내부 근무 환경 개선을 통한 에너지 절감을 목표로 하고 있다. 과거 옥상 정원화와 태양열 전기 공급 장비의 설치 등도 에너지 절감과 환경 개선이 요인으로 검토되었다.

7) 비용절감 및 관리개선 측면

비용 절감 측면에서는 각종 비용의 예산을 미리 작성하여 기록한다. 예를 들어 예측 가능한 비용을 고려하여 우발적인 비용을 최소화시킨다. 또한, 각종 소모품을 주 거래처로부터 통합 일괄 구매하여 비용을 낮춘다. 건물의 에너지 사용량을 진단하여 비효율 비용 원인을 분석하고 개선한다.

관리 개선 측면에서는 차별화된 빌딩관리 서비스를 통해 임차인의 만족도를 높인다. 정기적인 고객 만족도 조사와 개선 및 불만 사항을 지속적으로 체크하여 임차인의 만족도를 높이도록 한다. 체계적인 자산관리 방법을 도입하여 업무의 투명성과 체계화된 선진 시스템으로 임차인의 업무 환경을 지속적으로 개선해 주도록 한다. 또한, Risk Management 항목으로는 정기적 점검을 통해 빌딩 안전사고에 대비한다.

구분	운영내용	세부운영계획
비용 절감	각종 비용의 예산 작성	예측 가능한 비용을 고려하려 우발 비용 최소화
	소모품 통합 구매	주요 거래처로부터 일괄 구매하여 비용 절감
	에너지 사용량 진단	비효율 비용 원인 분석 및 개선
관리 개선	차별화된 빌딩관리	정기적인 고객만족도 조사로 개선 및 불만사항 해소
	체계적인 자산관리 도입	업무 process투명성 및 체계화 (System의 도입)
	Risk Management	정기적 점검으로 빌딩 안전사고 대비

[그림 2-1] 자산관리의 비용 절감과 관리 개선 방법

8) 자산관리의 형태별 장단점(직영관리와 위탁운영관리)

일반적으로 상업용 부동산 중 대형 건물의 경우는 대부분이 위탁관리의 형태를 띠고 있다. 이러한 위탁관리의 장·단점을 PM과 FM의 범위로 나누어 살펴보도록 한다.

직영관리의 장점으로는 빌딩 운영과 관련된 모든 현장 운영 비용을 실비로 처리하여 정산할 수 있어 운영비를 최소화할 수 있다. 단점으로는 현장 운영 인력을 직접 채용하는 문제로 외부 위탁운영관리 대비 비용이 증가할 수 있으며, 직원 고용에 따른 기타 부대 비용과 관리 등의 부담이 가중될 수 있다.

위탁운영의 PM 측면 장점으로는 건물주 자체의 부동산 운영으로 인력을 최소화할 수 있다. 또한, PM사의 본사 지원 인력과 지원 업무로 효과적인 자산관리를 경험할 수 있다. 전문 기관에 의뢰한 결과로 부동산 자산관리 및 임대관리 시장 동향에 따른 신속하고 정확한 의사결정에 도움을 받을 수 있다. 위탁운영의 PM 측면 단점으로는 일일 운영 현황에 대한 직접관리와 정보 공유가 어렵다는 점이 있다. 매일 직접 업무 지시를 통한 경험을 주간 단위 및 월간 단위 보고와 리포트로 정례화된 미팅과 회의 자료를 통해 인지함으로써 의사결정이 다소 늦어질 수 있다.

위탁운영의 FM 측면 장점을 살펴보면, 현장 관리 인원의 최소화가 가능하며 1개의 업체 종합관리로 설비, 미화, 경비 등의 유기적인 인력 운영이 가능하다. 또한, 각 단위별로 개별 업체를 통한 계약관리를 통해 경쟁적인 서비스 효과를 얻을 수도 있다. 그러나 1개 업체로 운영하는 것과 여러 개 업체와 운영하는 것에 대한 장·단점은 건물의 규모와 소유주의 형태 등에 따라 다르게 적용되어야 할 것이다. 위탁운영 FM 측면의 단점으로는 자산관리 위탁 대비 본사 지원 인력 비중이 높아 On-Site하는 직원들의 의사결정 권한이 다소 미미한 점을 들 수 있다. 이러한 경우는 국내 FM사들의 대부분의 문제로 지적되고 있다.

주변 시장 상황에 대한 정확한 파악이 필요하다. 경쟁 대상 빌딩의 현 상황을 조사 분석하고 관리 빌딩의 경쟁력을 파악하는 것이다. 주변 신축, 재건축, 리모델링, 기존 공실 등의 자료를 통해 적정 임대료와 인상률 등을 미리 예측할 수 있다.

임차인의 정보 인지를 통해 임대료 인상 및 기타 장기 임차 환경 제공에 대한 전략 수립을 확립한다. 임차인의 경영 상태와 사무실 공간 운영 상태를 조사하고, 이를 철저히 비밀로 유지하도록 한다. 또한, 국내외 경기지표를 살펴보아 향후 임대료 및 관리비 인상 계획에 기초 자료로 활용하도록 한다. 대부분의 건물주들이 경기가 최악으로 나빠진 이후 너무 뒤늦게 임대료 등을 하향 조정하여 경쟁 빌딩으로 우량 임차인을 뺏기는 경우가 많이 나타나고 있다. 이러한 경기 동향을 미리 조사 분석하여 임대료의 적정성과 인상률의 적정성, 예정 임차인과의 협상 조건 등을 미리 예측할 수 있어야 한다. 이러한 경험적 지식과 예측된 보고서를 통해 기존 임차인과의 재계약 협상과 신규 임차인과의 임대조건 협의 시 참고 자료로 활용할 수 있어야 한다.

수입과 지출에 대한 예측 부분이다. 먼저, 적정 임대료 산출이 필요하다. 신축, 기존 빌딩의 매입 등이 이루어질 경우 투자 목적에 따른 임대료 제시도 중요하지만, 시장 예측에 대한 임대료 수입과 기업 이탈에 따른 보증금 지출과 각종 CAPEX 공사 지출에 대한 예산 기획을 준비하여야 한다. 두 번째로 임차인의 이전 계획을 미리 파악할 수 있어야 한다. 임대차 계약서상의 사전 통지 일정 이전에 기존 임차인과의 Relationship을 통해 이전 예상에 대한 정보를 스스로 공유할 수 있어야 한다. 이를 통해 신규 임대마케팅에 대한 준비와 적정 임대료, 추가 인상률 협의에 대한 준비를 할 수 있다. 세 번째로는 세무, 행정, 법무 관련 내용을 조사하여 지출에 대한 준비를 해야 한다. 마지막으로 건축, 기계, 전기 등 자산의 기본 Hard Ware적인 부분과 Soft Ware적인 부분을 모두 체크하여 추가적인 비용 지출이 발생되지 않도록 한다.

10) 장기 목표를 위한 PM의 역할

안정적이고 높은 수준의 관리 상태 유지를 통해 쾌적한 근무 환경을 제공한다. 지역 내 높은 경쟁력을 갖기 위해 관리비의 상당 부분을 지출하여야 하며, 1차적으로 우선된 각종 수선과 정비를 통해 관리 상태의 최적화를 이루어 내야 한다. 이러한 사전 조치는 임차인의 만족도를 높이는 데 중요한 역할을 할 수 있으며, 방문 고객에게도 긍정적인 이미지를 심어 줄 수 있다. 또한, 적절한 유지 · 보수 및 CAPEX 공사 진행에 대한 안내, 협조와 실제 공사를 통한 건물 개선 효과는 향후 임대료 및 관리비 인상에 도움을 줄 수 있다. 주말에 몇몇 안 되는 임차인의 출근에도 평상시처럼 서비스를 진행할 수 있도록 적극적인 응대를 실시하여 임차인의 업무 효율을 높여 줄 필요가 있다.

임차인 이전 방지 노력이 필요하다. 임차인의 만족도 조사와 파악 그리고 개선에 대한 홍보와 개선 효과에 대한 안내와 홍보를 진행한다. 실제적인 공사를 진행하기 전에 공사에 따른 불편 요소를 미리 예측하여 임차인에게 홍보하며, 임차인의 불편을 최소화하기 위한 노력을 하고 있다는 의미를 전달해야 한다. 무조건적인 공사 진행으로 임차인의 불만이 접수된다면 임차인의 이전 방지를 위한 노력이 오히려 부정적인 효과를 가져올수 있다. 또한, 임차기업의 담당자와는 수시로 업무 관련 미팅과 관계를만드는 것이 중요하며, 이러한 관계는 일시적인 것이 아닌 지속적으로 긍정적인 관계가 되도록 해야 한다. 다만, 친분 관계로 추가 전이되지 않도록 주의하는 것도 중요하다.

관리 직원들의 서비스 수준 향상을 위한 노력이다. 주기적인 서비스 교육을 실시하도록 하며, 주변의 성공적인 빌딩 사례를 조사하여 현장 답사및 해외사례 답사와 교육도 병행하여야 한다. FM의 관리 직원들에 대한복리후생과 복지에 관심을 쏟아야 한다. 낮은 급여 수준과 높은 업무 강도로 직원들의 근무 마인드가 결여되거나 떨어질 수 있기 때문에 본인의 업무에 대한 Pride를 심어 주며, 전문가적인 마인드를 지속적으로 가질 수있도록 협조해야 한다. 주입식 교육보다는 협업식 교육을 통해 함께 일하는 분위기를 만들어야 한다. 더욱이 능동적으로 참여하며 부서 간에 유기적인 교류와 협조가 긴밀히 진행되는 관리 시스템을 구축하여 전문가의 자부심 또한 끊임없이 발생시키도록 한다.

 오피스 빌딩 임대자산관리 입문과 실무

자산관리의
분야별
주요업무

자산관리의 분야별로 AM, PM, FM의 업무를 아래의 표와 간략하게 같이 정리할 수 있다.

1) AMC의 업무 분야

투자자들에게 투자 상품에 대한 포트폴리오를 작성하여 성과에 대한 투자 목표를 제시한다. 투자 대상 물건의 경쟁력 분석, 투자 리스크관리, 투자 대상의 적정성 평가 등을 제안한다. 또한, 포트폴리오의 관리와 분석, 부동산 투자 의사결정 컨설팅을 진행하며 전문 PMC를 통한 시장 보고서와 회계 및 법률 자문 서비스를 통한 펀드, 리츠 상품 구성에 대한 의사결정을 돕는 역할을 한다.

국내외 주요 AMC로는 Koramco자산신탁/자산운용, 미래에셋자산운용, 삼성생명자산운용, IGIS자산운용, Mastern, Capstone, Consus, GIC, Ascendas, 신한BNP자산운용, 하나자산운용, KTB자산운용, 베스타스자산운용, 도이치자산운용, 맥쿼리자산운용 외에 다수가 있으며, 이들 운용사들의 다양한 상업용 부동산 투자가 매년 5조 원 이상으로 거래되고 있다. 최근에는 상업용 부동산 중 오피스 이외에 Hotel과 Retail, 공장과 창고, 대형 매장까지 다양한 상품에 투자되고 있다.

이들 AMC를 통해 국내 기관투자자들인 NPS, POBA, 각종 공제회 등의 다양한 투자를 이루어 내고 있으며, 이들 Invest들의 요구 수익률은 과거에 비해 다소 낮아진 상황이다.

AMC의 주요 역할을 요약하면, 매입, 매각관리와 투자결정에 대한 업무 지원, 자금 조달, Cash Flow관리 등으로 나눌 수 있으며, 주요 업무 역량으로는 수익(NOI) 극대화를 위해 투자 대상 빌딩의 임대 활동, 유지관리 활동, 고객관리 활동, 행정적·법률적 활동, 재무(회계, 세무)관리 활동으로 구분할 수 있다. 각각의 업무 역량에 대해서는 PM의 유지관리 업무에서 살펴보기로 한다.

2) PMC의 업무 분야

투자회사(AMC와 Invest)의 의사결정을 돕는 마켓 리서치 및 시장 동향과 분석 자료를 제시할 수 있다. 현장 스토리의 마켓 동향 그리고 예상 공실에 대

오피스 빌딩 임대자산관리 입문과 실무

한 대처 방안과 수익 극대화 방안을 검토한다. 또한, FM사의 통제와 보안, 업무 지원 등의 시설관리 부분에 대한 기본 지식도 갖추고 있어야 한다. 자산관리회사의 업무를 자세히 살펴보면 먼저, 예산, 결산, 재무관리 이행 업무와 경영관리와 경영 효율화 업무가 있다. 자산관리의 유지, 보수, 최적의 상태로 관리하기 위한 업무가 주된 과업으로 진행되며 소유와 경영의 분리로 그 업무 분야가 다양하게 넓혀지고 있다. 임차인의 유지관리 업무가 가장 큰 수익 목표 수립의 1단계로 작용되며 공간 배치, 시장 분석, 시장 예측, 과거 시장의 History를 통해 수지 분석, 법률, 보험, 세무 관련 업무를 지원한다. 임대차 업무는 임대관리, 마케팅으로 크게 구분되며 입주사관리와 임대 스케줄관리도 진행한다. 임대차 계약 중에 가장 중요한 재계약 부분에 대해서도 PM 담당자와 LM 담당자가 상호 보완 협의하여 임차인을 대응하도록 하며, 현장 팀장과 마켓의 전반적인 정보를 가지고 있는 임대팀장의 시장 임대 정보를 공유하여 임차인의 이탈을 최대한 방지한다.

자산관리의 최대 수익 부분에 대한 임대자산관리에 대한 적정 임대료 산정, 시장에 유연하게 대처할 수 있는 가격 정보, 인센티브 제공 정보(Rent Free, Interior 제공 유무, 이사 비용 제공 유무 등) 등도 지속적으로 Up-Date할 수 있도록 한다.

예산 수립에 대한 정보는 LM 파트에서 적극 지원하여야 하며, 시장에서 제공하는 각종 인센티브 부분에 대해서도 상시 조사, 분석하여 임대인에게 보고할 수 있어야 한다. 파격적인 조건의 임대 진행이냐? 기다렸다가 추후에 좋은 조건으로 임차를 진행하느냐?도 결국은 PM사의 시장 조사 내용에 근거한 논리적인 접근이 중요하다고 할 수 있다.

결과적으로 향후 자산의 매각에 가장 중요한 부분을 감당하는 임차인 구성은 이러한 PMC의 전문적인 노력과 운영, 관리의 Know-How로 정의된다고 볼 수 있다. 시장의 다양한 임차대행사들과의 좋은 Relationship이 필요하며, 긍정적인 정보 제공과 상호 Win-Win 전략을 준비하여 건물주와 임대인 그리고 자산관리자와 임차인 모두가 성공적인 계약이 진행될 수 있도록 접점을 찾아야 한다.

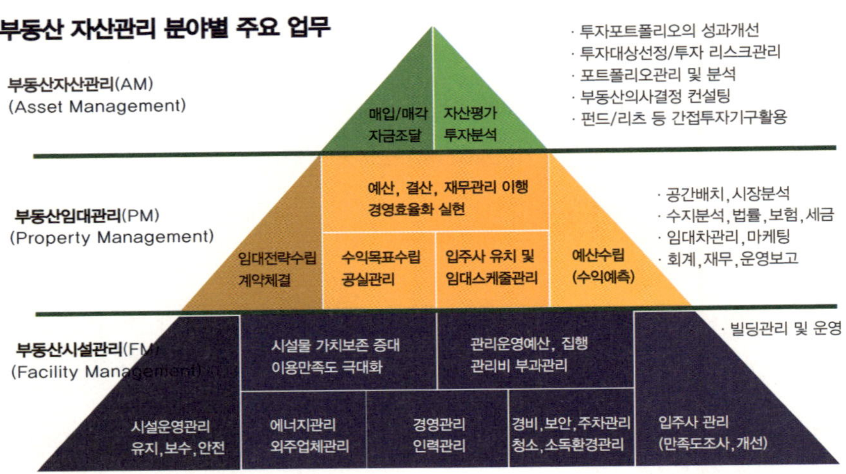

* 자료 : "PM'er 역할과 경영 보고의 중요성", 한화63시티, 김구성, 2014년 9월, 재구성

PMC의 전반적인 업무를 정리하면, 재산 인수, 인계와 예산관리, 임대차관리(마케팅, 재계약, 신규 임대차 진행 및 유지관리), 수지 및 손익 분석관리, 위험 및 안전관리, 세무, 회계관리, 공사관리 등이다. 이러한 활동은 모두 엔지니어적인 부분임에도 불구하고 서비스 개념으로 접근하여야 한다.

           오피스 빌딩 임대자산관리 입문과 실무

3) FM사의 업무 분야

자산관리 분야에서 현장에 직접적인 업무 지원과 시설관리를 담당하는 중요한 역할을 한다. 부동산 시설관리 FM(Facility Management) 서비스는 크게 시설 운영관리, 시설물가치 보존 및 증대와 임차인 만족도 극대화와 관리 운영 예산, 집행 관리비 부과와 입주사관리로 나눌 수 있다. FM사의 경우 임차인과 개별적인 접촉이 가장 많은 파트이며, 서비스를 직접적으로 제공하는 측면에 있기 때문에 대상자들을 위한 교육과 업무 강도 조정 및 교육, 복리후생, 서비스, 휴게 등에 대한 배려가 있어야 한다.

먼저, 시설 운영관리 부분에서는 건물의 공용 시설물에 대한 유지관리와 보수 그리고 안전 부분이다. 공용 시설물은 소모품의 사용 연한이 존재하므로 사전 유지 · 보수와 관리가 동반되어야 하며, 전문가의 의사결정을 통해 임차인의 생명과 안전에 중요한 역량이 요구된다. 이러한 계획적인 유지관리와 보수는 향후 우발적인 비용 초래를 방지할 수 있으며, 임차인의 안전과 시설물의 안전에도 주요한 요인이 된다.

시설물가치 보존 증대를 통해 임차인의 만족도를 높이는 부분이다. 최근 임차인의 Needs를 조사한 결과 공용 시설물과 휴게 및 서비스에 대한 건물주의 대응에 대한 지적이 많이 나오고 있다. 예를 들어 사옥+임대형 오피스 빌딩의 경우 사옥에서 주로 사용되는 공용 회의실, 강당의 외부 임차인의 이용 빈도를 높여야 하고, 이를 위한 전용 엘리베이터의 사용이 가능하도록 지원하는 일이다. 또한, 구내식당 및 전용 셔틀버스의 이용도 임차인에게 배려되는 서비스로 제안되고 있다. 각종 공용 시설물은 이러한 임차인의 Needs와 맞물려 향후 재계약과 이탈 방지에 이르기까지 많은 부분에 효과적으로 나타나기 때문에 임차인에 대한 세밀한 주의가 필요할 것이다.

관리 운영 예산과 집행 및 관리비 징수 부분에서는 연간 CAPEX 공사비를 측정하고 이 범위 내에서 건물관리 유지 · 보수 비용이 지출되도록 준비하도록 하며, 임차인에게 부과되는 관리비 내역에서도 이러한 보수 공사 및 지원 비용이 차감되고 있음을 알려야 한다. 임차인은 관리비 지출 내역을 요구할 수 있고, 임대인은 이러한 내역을 공개할 수 있어야 한다. 그러나 대부분의 오피스 빌딩과 상업용 부동산에서는 이러한 관리비 내역에 대한 공개를 꺼리고 있다. 왜냐하면 임대료의 인상을 지속적으로 끌어올릴 수 없기 때문에 일정 부분이 임대료로 전환되어 임대인의 경영관리 비용으로 산입되기도 한다.

에너지관리 부분에서는 정부의 전기 및 에너지 절약과 그린 에너지 정책에 입각하여 최대한 냉난방에 대한 자율적 규제를 실시하고 있다. 그러나 IT 및 정보통신의 발달로 전기 사용량은 꾸준히 늘어나고 있으며, 이러한 전기 공급에는 개별 빌딩 별로 한계에 달하고 있다. 5월부터 냉방이 가동되기 때문에 임대인과 PM사들은 각종 에너지 절감 정책을 준비하고 있으며, 정부의 에너지 피크치 관리 또한 중요한 정책과 경영관리로 요구되고 있다. 과거에 비해 여름철이 긴 계절적 요인으로 냉방에 대한 이슈가 날로 커지고 있으며, 정부의 적정 온도와 실제 사무실의 근무 환경에 필요한 적정 요구 온도에는 큰 차이가 나고 있다. 정부가 제시하는 적정 실내 온도(24~25℃)와 습도로 오피스 빌딩을 유지할 경우 임차인의 만족도는 낙제 점수가 나올 것이다.

그러나 이러한 적정 온도는 과학적인 근거로 만들어진 것임을 임차인에게 설득력 있게 설명할 필요가 있다. 실외 온도와 5℃ 이내 범위를 건강온도로 제시하고 있는데, 우리나라의 여름철 평균 기온이 29~32℃인 것을 감안하면, 여름철 적정 온도는 정부가 제시하는 온도가 맞다는 결론이다.

시설 운영관리(유지, 보수, 안전)와 시설물가치 보존 증대와 이용 만족도 증대, 관리 운영 예산과 집행 및 관리비 징수가 있다. 시설물의 유지관리에서 가장 중요한 부분이 보수, 교체, 수선 등의 업무를 적정 시점에 하는 것이다. 소모품의 연장 사용에 대한 의사결정과 안전관리는 시설물의 장기 수선에 대한 비용 절감 효과를 가져올 수 있으며, 임차인의 안전에 직결되는 부분이기도 하다.

FM사의 경영관리와 인력관리는 PM사의 주된 업무 보조와 함께 직원들의 복리후생, 이탈 방지, 업무의 유연한 대처와 서비스 기능 확대로 발전되어야 한다. 주로 24시간 연속 운영되는 건물의 경우 피로가 누적될 수 있는 부분이 있으며, 인력의 효과적인 교대 근무와 휴게 및 휴식 공간 제공과 회식 등의 Communication 활동 등은 시설관리 파트에게 활력을 줄 수 있는 기회가 될 것이다.

경비, 보안, 주차관리와 청소, 소독의 환경관리는 임차인과 직접적으로 대면하는 경우가 다수이기 때문에 사전에 이러한 파트 직원들을 위한 실질적인 교육과 서비스 마인드에 대한 체크가 필요하다. 경비 및 보안 부분은 출, 퇴근 시간뿐만이 아니라 외부 고객 응대(로비 및 안내데스크 외에 청소, 보안, 주차 요원들 모두)를 위한 모든 공간에서 제시되는 서비스이다. 임차인의 만족도에서 상위 Q&A에 해당되는 부분이며, 빌딩의 Grade를 설정하는 중요한 요인이 되기도 한다. 청소 및 소독에 대한 환경관리는 주로 임차인의 근무시간 이외의 시간에 진행되는 경우와 근무시간에 진행되는 부분이 있

는데, 임차인과 만나게 되는 경우의 복장, 표정, 소모품 교체와 청소 등은
불편 요소 제거가 임차인의 동선과 마주치지 않도록 해야 할 것이다.

입주사관리의 만족도 조사 및 개선에 관한 부분은 1년에 2회 이상 임차인
만족도를 조사하도록 한다. 조사된 결과물에 대해서는 내용 중 일부 주요 부
분을 공개하고, 그에 대한 개선 의지와 방안, 개선 효과와 비용 및 일정 등을
준비하여 임차인에게 공지한다. 이로써 임차인과 상호 신뢰를 얻을 수 있도
록 해야 한다. 중 · 소형 빌딩이 가장 신경 쓰지 않는 부분이 바로 임차인에
대한 공지와 안내 부분이다. 무조건적인 서비스 개선을 위한 공사와 시설 보
안에 대해서 임대인의 스케줄대로 진행할 것이 아니라 임차인의 업무 성격과
상황 그리고 시기 등을 상호 조정하여 실시할 필요가 있으며, 이렇게 진행될
경우 임차인의 민원성 의견 제시도 줄어들 것이다. 입주사관리는 향후 재계
약에 중대한 요건이 되므로, 반드시 경력 사원 이상이 면담할 수 있도록 하
며, 건물의 시설관리 개선 시에도 개별 미팅을 진행하는 것이 필요하다.

FM사의 전체 업무를 일목요연하게 정리하면, 건축, 기계, 전기, 설비
운영과 시설물, 장비 유지 · 보수관리, 빌딩의 법적 대상관리, 에너지의 효
율적인 관리, 위험 및 안전관리, 미화 서비스, 보안관리로 압출할 수 있다.

4) PM의 세부 업무 및 추진 능력 범위

건물의 가치를 극대화하고 수익을 높이기 위한 전략을 아래와 같이 정의
할 수 있다.

① 임대 활동(Leasing Marketing)

건물의 수익 극대화를 위한 활동 중 가장 큰 비중을 차지하는 것이 바로 임대 활동(Leasing Marketing) 부분이다. 임대 담당 부서에서는 시장 분석과 적정 임대료 책정이 우선되어야 할 것이다. 시장이 임대인 위주의 Landlord Market인지, 임차인 위주의 Tenants Market인지를 구분할 수 있어야 하며 시장의 공실과 오피스 공급 플랜과 공급 물량, 공급 속도, 공급 규모와 소유 목적 등을 조사한다. 이렇게 조사된 내용을 바탕으로 우량 임차인 유치를 위한 프리마케팅(Free Marketing)과 현장마케팅, 본 마케팅을 진행하도록 한다. 각종 홍보 활동을 위한 자료 작성과 매뉴얼 활용이 필요하며, 마케팅에 필요한 홍보물은 건물주와 긴밀한 협조 하에 준비되어야 한다. 빌딩 브로슈어, 동영상, 홍보책자 및 홍보물(Soft ware와 Hard ware)을 준비하도록 한다. 이러한 홍보물 준비는 시간이 상당히 요구되므로, 사전이 미리 준비할 수 있도록 예산 수립, 편성과 집행, 시간 등을 미리 검토할 필요가 있다.

임차인 유치를 위해 적정 임대 공간을 미리 준비한다. 빌딩을 소유한 목적에 따라 임대인이 어느 공간을 사용할 것인지를 미리 기획하며, 외부 임대 공간(Zoning)을 준비한다. 이렇게 임대인 사용 공간이 결정되어진 경우에는 적정 임대가를 시장 분석과 비교 사례 분석을 통해 결정할 수 있도록 한다. 해당 빌딩을 중심으로 위치, 대중교통의 접근성, 규모, 준공연도, 연면적, 기준층 면적, 각종 서비스 공간(구내식당, 리테일, 공용 서비스 시설 등)에 대한 것도 함께 검토하여 임대가 산정에 반영한다. 이렇게 상위 빌딩과 하위 빌딩의 적정 임대가를 산정한 후에 신축 빌딩의 장점과 위치와 기타 시설의 장점을 부각하여 임대료를 약 10~20% 인상 조정된 가격으로 시장 마케팅을 실시한다. 또한, Rent-Free 제공은 신중하게 검토하도록 하며, 시장에 해당 빌딩의 임대조건이 너무 많이 밝혀지거나 소문나지 않도록 주의해야 한다. 개별 임차인별로 임대료가 차등 적용되는 빌딩이 더러 있기 때문이다(임차인의 규모, 인지도, 다국적 기업 유무, 계약 기간과 주로 상주하는 인력의 Quality 등으로 조건이 달라질 수 있음).

신규 임차인이 확정되고 임대차 계약이 추진될 경우 계약조건 협의와 계약서 검토(Review)는 반드시 중간관리자급 이상 업무 경험이 있는 직원이 진행할 수 있도록 한다. 임대차 계약은 법률적 경험을 토대로 하기 때문에 계약 중간에 다양한 변수가 작용될 가능성이 있으며, 계약이 긍정적인 방향으로 진행되다가도 깨질 수 있기 때문이다.

이렇게 신규 계약으로 입주가 진행될 때, 입주 공사 지원과 입주를 위한 이사와 입주 후 사무실 운영 때에도 관심을 가지고 입주사를 관리하여야 한다. 신규 임차인은 모든 것이 낯설기 때문에 모든 것이 불편할 수 있음을 반드시 기억해야 한다. 최상의 인텔리전트 빌딩이라 하더라도 처음에는 사용 및 운영에 미숙하기 때문이다(특히, 무인 시스템의 주차 및 공용 공간은 더욱 신경 써야 한다).

② 유지관리 활동

각 분야별로 부문별 구매 활동이 필요하며, 이러한 구매는 공동구매를 통해 단가를 낮추거나 품질을 높일 수 있도록 한다. 유지관리는 결과적으로 임차인 길들이기와 통제 부분이 크다고 할 수 있다. 임차인의 처음 만나는 건물과 관리인으로 인해 힘겨운 길들여지는 시간을 보내야 하는데, 이때 임대관리 및 유지관리 담당자는 구두와 문서에 표기하거나 이야기한 부분을 반드시 지켜야 한다. 담당자 및 실무자의 언급은 계약에 날인하지 않았더라도 임차인과의 약속이기 때문에 장기적인 차원에서 이행되어져야 한다. 외국인 회사의 경우 이러한 약속의 불이행으로 중도 해지 및 계약 종료 시에 반드시 이전이라는 불행한 결과를 초래할 수 있다. 수선 및 소모품 관리와 외주 용역관리, 안전관리(방재)와 각종 공사관리 등이 수반되는 주요 업무 분야이다.

③ 고객관리 활동

PM사의 고객은 하나의 대상이 아닌 두개 이상이다. 먼저는 '소유주' 관리이다. 소유주의 건물 소유 목적에 부합되는 빌딩관리와 개선, 유지 활동이다. 소유주가 원하는 방향에 맞는 서비스와 임차인 유치 및 관리가 필요한 부분이다. 소유주가 어떤 업종에 있느냐도 중요한 부분이 되며, 빌딩 관리의 전문가이든 아니든 간에 담당하는 빌딩에 대해서는 최고의 정보를 제공할 수 있어야 한다. 두 번째는 '임차인' 관리이다. 임차인은 건물

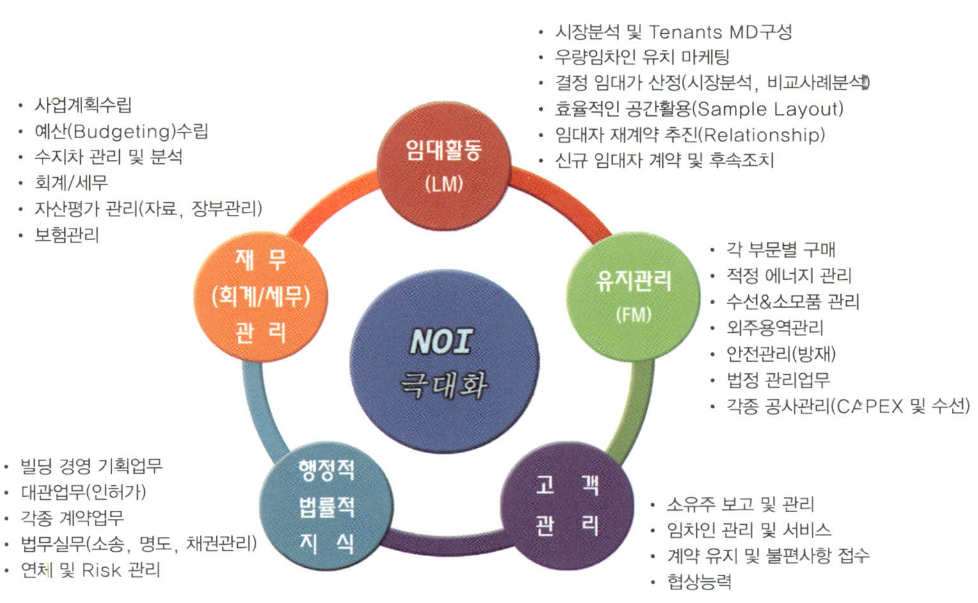

* 자료 : "PM'er 역할과 경영 보고의 중요성", 한화63시티, 김구성, 2014년 9월 재구성

의 소유주만큼이나 중요한 고객관리 대상이다. 임차인과 장기 계약을 맺었다 하더라도 매년 임대료 및 관리비 조정에 따른 업무 협의가 진행되며, 수시로 불편 사항이 접수되기 때문에 매일매일 정보 수집과 서비스 제공에 대한 업무를 직접 확인해야 한다. 이러한 신규 계약과 기존 계약의 유지와 관리는 임대차 조건에 대한 경험적 지식과 법률적 지식 그리고 윤리라는 세 가지 조항에 부합되는 경력 직원이 함께해야 한다. 가장 중요한 부분이며, 협상 능력에 대한 검증도 반드시 필요한 부분이다.

④ 행정적, 법률적 지식

임대차 및 건물관리는 기획과 경영관리 업무가 상당 부분을 차지하고 있으므로 행정적인 업무 수행 능력이 반드시 필요하다. 인허가 및 대관 업무, 각종 계약 업무(임대차, 용역, 비품 등)와 법무실무(소송, 명도, 채권관리 등) 능력을 수반하며, 위험관리 부분에 대한 해석과 대처 능력이 있어야 한다. 소송 및 명도 등의 이슈가 많은 구분소유 건물의 경우는 자문변호사 및 법무법인을 별도로 두어 수시로 업무 지원을 받기도 한다.

⑤ 재무(회계, 세무)관리

빌딩의 경영관리를 위한 사업 계획 수립과 예산(Budget)관리와 수지 분석관리, 회계/세무, 자산 평가관리(건축적, 재무적관리), 보험관리 등의 업무가 있다. 임차인도 임대료 지급과 운영에 대한 예산이 준비되어 있듯 임대인은 이러한 임차인관리에 따른 예산을 수립하고 이러한 예산 범위 내에서 추가 지출이 발생하지 않도록 사전에 준비하도록 한다.

이러한 다섯 가지 관리 활용을 통해 자산의 순운영수익 NOI(Net Operating Income)를 극대화하며, 건물의 가치 상승과 임차인의 안정적인 유지를 통

Category	일반적 프로세스 (passive)	PM 도입 (proactive)	PM 기대효과
임대활동	• 직접적 잠재 임차인 물색 • 중개인의 임대조건 협의 및 보고 • 수동적, 비정기적 하달 식 프로세스	• 미래 임차인 종합적 검토 • 정기적인 시장 동형 분석 • 임대차계약 및 중개인 협력	I. 임대가능 모든 면적에 대한 수익과 자산 가치의 극대화
임차인 관리	• 임차인 민원에 건물주 직접 대응 • 수동적 임차인 관리	• 임차인과 주기적 미팅 • 임차인 요청사항 응대 • 전력적 개선 사항 검토	II. 빌딩 운영 관련 Vendor 및 공사에 대한 투덩적 비용관리
시설 미화 보안 주차 관리	• 일상 점검 위주 시설 관리 • 건물주와 실무자 소통 부재 • 임차 민원에 수동적 대응	• 기술 및 자동화 체계 수립 • 친환경 기술 도입 • 시설 및 보안 리스크 관리	III. 직접 운영 시 발생될 수 있는 건물주 책임/ Risk 최소화
데이터 관리	• 담당자 개인적 기준에 따른 문서 관리 • 데이터 관리 기준의 체계화 마비	• 회계자료, 문서 계약서 센터 관리 • 데이터 정확성 보강 • 보고 일정 준수	IV. 소유 부동산에 대한 전략적 경영 관리
수익/비용 관리	• 비용 예측 개념 보다는 고지서에 의존 • 자재 구매 시 할인 제한 • 다양한 벤더 정보 접근이 좁음	• 3년 ~ 5년 예산 수립 • 정기적 자금 플랜 • 자산가치 증대 기획 • 체계적인 벤더 관리 및 운영	

[표 2-2] 자산관리 서비스의 기대 효과[6]

해 개인이나 법인의 자산이자 국가의 자산을 서비스와 재화로 효과적으로 활용하여야 할 것이다.

단순한 Know-How의 문제가 아닌 오랜 기간 축적된 Data와 그것을 바탕으로 만들어진 매뉴얼(Manual)을 통해 진행하는 자산관리는 "수익과 지출"의 모든 Risk를 최소화하고 그에 대한 효과를 극대화하는 것이다. 임대 가능 모든 면적에 대한 수익과 자산가치의 극대화를 진행하며, 빌딩 운영 관련 벤더(Vendor) 및 공사에 대한 투명적 비용관리가 필요할뿐더러, 직접 운영 시 발생되는 건물주의 책임과 Risk를 최소화할 수 있어야 한다. 또한, 소유 부동산에 대한 전략적 경영관리, 수익관리, 운영관리 등의 경험적 지식을 최대한 발휘하여 본사 지원과 현장 지원에서 모든 전략이 가동되어야 할 것이다.

<hr>

6 CBRE Asset Service PM 기대효과, 양승화, 2014년 9월, 재구성

PART 3
임대마케팅의 이해와
프로세스

1

대상 부동산
파악 및 분석

1) 대상 부동산의 파악

건물주나 건물주의 대리인과 빌딩 안내에 필요한 세부적인 사항을 이해하고 숙지한다. 대상 부동산이 사옥형 빌딩인지 외부 임대용 빌딩인지 오피스 용도와 근린생활시설 용도인지 등을 명확히 파악하고 임차인의 요구에 따라 용도 변경이 가능한지 여부도 건축사와 관련 기관을 통해 사전 조사해야 한다.

현장의 PM, FM Staff들과 건축 및 CM 담당자들을 통해 빌딩의 세부 사항 및 특징을 파악해야 한다. 일반적으로 엔지니어적인 부분을 임대마케팅을 담당하는 부서에서는 자세히 알지 못하는 경우가 있다. 임차인에게 건물에서 서비스되는 각종 전기, 통신, 시설적인 부분에 대한 이해와 설명이 가능해야 한다. 예를 들어 엘리베이터만 보더라도 어느 회사 제품

인지 이 회사 제품이 왜 좋은지 어떤 특·장점을 가지고 있는지 등(과거 수십 년 동안 단 한차례의 사고가 없는 품질을 자랑하는 기종이다.)을 설명하고, 인원, 하중, 속도, 설비 교체와 기타 안전 관련 내용을 설명해 줄 수 있어야 한다. 이때 우리 건물에서 이 엘리베이터를 설비로 채택한 이유도 함께 설명해 주면 임차인에게 안정적인 신뢰를 줄 수 있다.

LM(Leasing Management Manager)들은 전기, 통신, 설비 등에 대한 사전 지식이 부족하므로 엔지니어적인 부분을 미리 파악한다. 이러한 숙지된 지식을 통해 예정 임차인과 마케팅 대상에게 전문가적인 설명을 할 수 있도록 한다.

사전(Pre-Maketing) 프리마케팅을 통해 건물의 방문(Site Tour_Site Viewing)이 진행될 예비 Tenants의 예상 질문 및 동선 그리고 주요 Check List를 사전에 파악하여 숙지하고, 고객이 묻기 전에 미리 안내하고 설명할 수 있도록 한다. 현장에 방문한 고객으로부터 설비적인 요소에 대한 질문이 나왔을 때, 현장 소장을 부르거나 담당 엔지니어를 통해 전달하는 습관은 아주 잘못된 모습이다. 건물의 임대 담당자는 자동차 세일즈맨 이상으로 본 상품에 대한 장점과 경쟁 상품에 대한 정확한 지적과 상대적 우월요소를 내세우며 설득할 수 있어야 한다. 결과적으로 우리 건물에 대한 컨디션 파악도 중요하며, 인근 빌딩과 신축 빌딩에 대한 꾸준한 정보 습득과 현장 확인을 통해 임차인의 눈높이를 자극하고 높여 주어야 한다.

2) 대상 부동산의 유형 분석

먼저, 대상 부동산의 성격, 유형(사옥, 사옥+임대, 임대), 등급(전문 기관의 발표 자료에 의거한 설정) 등을 먼저 파악하여 관리 대상 건물의 Positioning을 실시한다. 이때, 주변 시장 조사 및 시장 상황을 면밀히 파악하여 빌딩의 Grade가 상향 조정되는 일이 없도록 주의한다(모두들 본인의 건물이 최상의 컨디션과 가장 좋은 평가를 받길 원하기 때문임).

오피스 빌딩의 주요 특성과 임차인을 고려한 오피스 빌딩의 유형을 명확히 파악한다. 예를 들어 '사옥+임대'의 경우라면, 사옥의 면적과 사용 예정 층(고층부, 중층부, 저층부)을 미리 계획하도록 한다. 외부 임대가 주 목적이라면, 임대차 진행에 있어 고층부, 저층부의 임대료를 차등 적용할 것인지 결정하고, 차등 적용 시 그에 대한 이유를 설명할 수 있는 논리적인 근거를 준비하여야 한다.

경쟁 빌딩의 현황과 시장 조사를 실시하여 현재 해당 빌딩의 경쟁력이 어느 수준인지를 파악하도록 한다. 시장의 주요 Anchor Tenants 유형을 파악하고 지역적인 특성을 파악하여 경쟁 요인을 도출하고 적극 마케팅에 활용하도록 한다.

3) 대상 부동산의 시장 분석

미시적인 입지 분석 및 특성으로 입지적 특성 평가, 상대적 입지의 장 ·

단점 분석, 가시성, 접근성, 인지도와 도로, 교통 환경, 주차, 공용 시설 등의 편리성과 지원 시설과의 접근성(주변 인프라), 소음, 유해 시설, 유흥 시설의 분포 등 기타 부정적인 요소까지 파악하도록 한다.

거시적인 입지 분석 및 특성으로 도시 지역 전체를 분석하도록 하며, 도시 성장 패턴을 살펴보고 업무 관련 시설과 지원 시설과의 연계성을 따져 본다. 또한, 오피스 밀집 지역과의 연계성과 주변 경쟁 도시와의 경쟁력도 분석할 필요가 있다.

2

빌딩 이용
계획 수립

오피스 빌딩의 신축 또는 매입 부동산에 대한 사용 방법을 미리 계획하
도록 하며, 사옥 매입에 따른 기대 심리로 인해 운영, 관리에 문제가 발생
하지 않도록 한다. 이때, 외부 전문가를 영입하거나 전문 컨설팅 업체의
도움을 받는 것이 중요하며 해당 기업의 마켓 신뢰도와 담당자의 경력과
윤리성, 정직성, 성실성, 경험 등도 꼼꼼히 따져 보아야 한다.

해당 부동산의 최대 가치 증진을 위한 '업무 효율 제고와 자가 사용분의
최적화'를 유도하는 가장 중요한 목적이다. 그리고 외부 임대 공간에 대한
사전 물량 파악과 임대 전략 수립으로 조기 공실 해소(기회 손실의 최소화)와 임
대 수입 극대화를 실현할 수 있도록 한다. 이를 위해 '사전 이용 계획을 수
립'하며, 계획 수립의 최소 기간은 일반적으로 '준공 1년 전'에는 반드시 실
시할 수 있도록 한다. 이때 중요한 기준이 되는 것이 바로 1인당 사용 면적
(전용 면적)이다. 대략적으로 국내 기업이 가장 많이 사용하는 척도로는 1인

당 2평~2.5평이 가장 일반적이며 증권, 금융회사는 1인당 4~5평, Soft Ware 기업과 Game 그리고 포털 사이트 등의 기업은 1인당 5~10평까지도 사용하고 있다. 또한, 남녀 구성비의 변화도 면밀히 따져 보아야 할 중요한 요인이다(화장실 및 공용 시설 공간구성이 중요한 포인트가 된다).

1) 오피스 빌딩의 이용계획 수립 업무 Flow

입주 대상 부서의 의뢰 요청(일정 공간 배정 및 해당 층 검토)을 통해 사용 예정 면적을 1차적으로 검토한다. 이때, 향후 추가될 면적에 대해서 경영지원팀에서는 미리 예측하고 있어야 한다(대략적인 부서 인원 충원 계획, 향후 발생될 회의 공간, 편의 공간, 임원 공간 등).

입주 부서별 Layout 검토 및 적정 면적 검토는 1차 제출된 면적에 기인하여 도면으로 그렸을 때 사용 공간에 대한 계략적인 Outline이 잡힐 수 있다(향후 발생될 추가 면적 고려).

관련 세법 검토(과밀부담금, 취등록세, 중과세 여부 검토)에서 중요한 것은 사옥으로 운영될 경우 중과세를 피하기 어렵기 때문에 간접투자 등의 다양한 방법을 검토할 필요가 있다.

이렇게 입주 부서별 소요 면적 사용분이 확정된 이후에는 '자가 사용분과 외부 임대존(Zone)'을 확정 지을 수 있도록 한다. 이때 Tenants Mix Plan을 작성하며, 층별 및 기관별 Layout을 확정하여 외부 임대마케팅에 필요한 면적을 확정 지을 수 있도록 한다. 이때, 중요한 것은 층별·기관별 사용 예정 기관에 대한 Needs를 파악하여(장비, 보안, 전기, 하중, 조도, 마감재, 항온항습 및 추가 냉난방 시설, 빈번한 이동, 야근 횟수 등) 다양한 요소를 파악하여 이를 해당 층에 적극 반영할 수 있도록 한다. 마지막으로 입주 6개월 또는 3개월 전 최종 면적 확정이 선행되는 경우 사용 계획 승인 및 부서별 면적을 확정하여 내부 공사를 실시하도록 한다(향후 면적 추가 사용 요구가 발생할 것에 대한 대비는 반드시 필요함).

2) 임대면적 확정 시 검토사항

자가 사용분과 중복성을 회피한다. 가급적 층 단위로 구분하여 사용할 수 있도록 한다. 입주 1년 이내에 반드시 확장 요인이 발생한다. 이러한 요인으로 임대 전용 층을 활용하도록 하며(Expansion, 업무 효율), 승강기는 저층부와 고층부를 탄력적으로 운영하도록 한다(사전 탄력적 운영 요인 검토).

공용 시설물 이용 시 효율성 검토를 실시한다. 최근 남녀 구성비가 과거 80:20에서 50:50의 상황으로까지 변화하며 여성비율이 높아지고 있는 실정이다. 이에 기존 오피스 빌딩에서 가장 어려워하는 부분이 바로 여자 화장실의 개·보수 및 추가 증설 여부이다. 최근 신축한 빌딩의 경우 건축법이 변경되어 남녀 화장실의 좌변기, 소변기의 개수가 동일하게 나타나지만, 이전 건축된 빌딩의 경우는 그러하지 않기 때문이다. 이 부분도 전기, 통신과 함께 중요한 요인임을 기억해야 한다. 또한, 승강기, 비상계단, 주차장, 창고, 공용 회의실, 강당, 구내식당 등의 활용을 이야기하는 임차인이 늘고 있어, 사옥 형태로 운영되는 빌딩의 경우는 괜찮지만 전문 임대형 오피스 빌딩은 공용 공간에 대한 할애로 많은 Idea 창조가 필요하다. 승강기의 경우는 저층부에 많은 인원이 상주하는 형태로 지금까지 운영되어 왔는데, 현재 마켓 상황에서는 승강기 대수가 많은 곳이 배치하는 것이 적정하다고 말할 수 있다(저층부, 고층부 운행될 경우 임차인 배치에 활용됨).

자가 입주 예정 기관의 특성을 분석한다. 보안 장비, 적정 시스템, 하중, 조도, 전력(기존 전력, 비상 전력 등이 해당 층에 배치된 용량), 통신, 유동 인구, 확장성 등을 고려하여야 한다. 최근 미국 BOMA International에서 발표된 자료에 의하면, '전기, 통신'이 Prime급으로 구축되지 않은 오피스 빌딩의 경우는 A급 Tenants를 유치할 계획을 포기해야 할 정도로 인프라 구축(내부 설비 시스템 확충)을 중요한 요인으로 이야기하고 있다.

고객 접견 부서의 경우 가급적 저층부 사용을 권장한다. 상주 인원이 많고, 외부 방문 고객이 많거나 내부 부서 간 이동이 많은 경우에는 가급적 저층부에 배치하여 승강기의 운행에 민원이 발생하지 않도록 하는 것이다. 최근 대형 오피스 빌딩의 승강기에 대한 불편 요소가 빈번하게 발생하고 있으며, 준공한 지 얼마 되지 않은 강남의 대형 오피스 빌딩의 경우 출근 시간에 건물 밖까지 줄을 서는 진풍경이 나타나고 있다.

임대료의 차등 적용을 실시한다. 외부 임대가 많을 경우는 가급적 고층부를 임대존으로 활용하여 빌딩의 수익을 극대화하도록 하며, 외부 임대가 적을 경우는 저층부로 유도하도록 한다. 통상적으로 고층부의 임대료가 기준층에 비해 약 5% 정도 차이가 나기 때문에 고층부를 외부 임대 공간으로 활용하는 것은 중요한 요인이 될 수 있다.

　　　　　　　　　　　　　　오피스 빌딩 임대자산관리 입문과 실무

고층부의 임대료가 높은 이유를 파악하기 위해 전문가 인터뷰, 면접 조사를 실시하였다. 약 3년간 1,000여 명의 빌딩관리, 임차인, 정부 출현 기관 등을 통해 조사하여 아래와 같은 결과를 도출하였다.

고층부의 임대료가 높은 까닭에 대해서 가장 높은 평가를 준 것은 "전망(View)"이었다. 근무 중 받는 스트레스에 대해 Refresh된다는 점과 고객 방문 시 높은 전망으로 인해 기업가치가 높아진다는 것이다. 구체적으로 사회적 인식, 기업 이미지(내방 고객)에 대한 긍정적인 평가와 임직원들이 높은 선호도 등을 이야기했다. 근무 환경에 대한 부분으로는 보안, 소음 차단 효과, 직원들의 근무 시간 이탈 방지(이탈 횟수가 줄어듦), 엘리베이터 사용의 편리성, 높은 업무 집중도, 하늘공원(휴게 시설) 이용, 희소성, 실내 공기의 질, 비상 시 옥상 대피, 해충(모기) 방지, 높은 자연 채광과 환기, 높은 천정도(2.8m이상) 등이 있었다. 이외에도 Grade A급 빌딩임에도 차별성이 있다는 응답도 많았다(예를 들어 GFC, GS Tower, Center1의 상층부냐? 63빌딩 몇 층이냐? 등)

한국생산성본부 부동산 임대차 관련 수강생 2,000~2,500명(2006년~2014년, 9년)을 대상으로 인터뷰 및 조별 발표와 서술을 통해 "고가의 임대료를 지불할 의사"에 대해 아래와 같은 결론을 도출하였다.

고층부 임대료가 높은 이유로 물리적, 환경적 요소 외에 입지, 높은 대중교통 이용 접근성, 신축 빌딩, 임차인 구성, 사회적 이미지 및 의식, 희소성, 빌딩 서비스, 편의 시설 및 인프라(Infra), 높은 마켓 인지도, 주변에서의 Landmark 이미지, 24시간 자유로운 근무 시스템, 유사 업종의 집중, 저층부의 활성화(Retail Community 활성화), 입지, 시설의 편리성, 인테리어,

준공연도, 가시성, 홍보성 특징, 건물주, 건물주의 서비스 의지, 기존 입주사의 Quality, 주차장 및 공용 시설의 편리성 등으로 조사되었다.

이것을 우선순위별로 정리하면 아래의 표와 같이 설명할 수 있다.

1. View(Refresh와 안정감)
2. 심리적 요인(외부요인, 내부요인)
3. 외부요인(사회적 인식, 계층, 고층부에 대한 높은 선호도=비용)
4. 내부요인(정서적 안정감 및 Pride)
5. Security(최근 더욱 부각됨)
6. 안전(비상시 탈출)
7. 통풍, 환기, 채광
8. 비용(건축 비용증가)
9. 소음
10. 옥상 정원 활용

① 기업이미지(외부환경)
② 근무시간 이탈횟수(이탈 방지)
③ 고객접근(고속 엘리베이터)
④ 임, 직원의 높은 선호도
⑤ 업무집중도가 높아짐
⑥ 높은 천정고(3m내외)
⑦ 희소성, 공기의 질, 비상시 대피
⑧ 해충 방지
⑨ 관리비 단가 책정(고층부가 비쌈)
⑩ 옥상공원(가든 파티 활용, 휴게 등)

[표 3-1] 임차인 유치 및 관리 전략 실무_한국생산성본부, 윤여신, 2014(5년간 조사 평균)

 오피스 빌딩 임대자산관리 입문과 실무

3

임대가능
면적산출

임대면적 산출 시 1차적으로 최종 도면을 확인하고, 층별 전용, 공용 공간을 확정한다. 이때, CAD 도면 및 설계회사와의 협의가 필요하며, 설계 도면의 수치 근거를 확인하도록 하여, 층별 면적을 산정하도록 한다(설계회사, 시공자, CM회사의 협의를 통해 진행). 층별 전용 면적 및 공용 면적이 구체화되면, 건물 공용과 층공용 면적을 산출하여 건물의 전용률(%)을 뽑아내도록 한다. 이때 주차장 면적을 산입할 것인가를 고민하여야 하는데, 중요한 것은 해당 빌딩이 도심처럼 주요 오피스 타운 내에 위치하고 있느냐 그렇지 않느냐에 따라 면적 산입을 결정하는 요인으로 활용될 수 있다. 해당 건물의 오피스 임차인이 주차장을 빈번하게 이용하는지, 또는 근린생활시설과 주변 타 이용 시설로 인해 외부 방문 고객이 많은지도 주차장 산입을 결정하는 주요 요인이 된다.

층	건축면적	서비스 면적	전용면적	고용면적	임대면적	비고
B1	100	0	0	100	① 0	
1F	100	0	50	50	② 104	
2F	100	0	70	30	③ 148	
3F	100	0	70	30	④ 148	
계	400	0	190	210	400	건축=임대

[표 1-1] 임대면적 산출내역

(1) 전용율(%) 산출 : 전용면적 / 임대면적 X 100

　　　190평 / 400평 X 100평 =48%

(2) 임대면적 산출방식 : 해당층 전용면적 소계 / 빌딩 전용면적 합계 X 건축면적 합계

　　　지하 1층 ①의 경우 (0 / 190) X (400) = 0평

　　　지상 1층 ②의 경우 (50 / 190) X (400) = 104평

　　　지상 2층 ③의 경우 (70 / 190) X (400) = 148평

　　　지상 3층 ④의 경우 (70 / 190) X (400) = 148평

　　　* 참고 : 건축물 대장상의 면적에 대한 정확한 정보숙지

　　임대면적 산출에서 살펴보아야 하는 주요 요소로는 건축 면적에서 전용면적과 공용 면적(층 공용, 건물 공용) 그리고 서비스 면적(엘리베이터 홀, 창고) 등을 검토하여 최종 임대면적을 산정하도록 한다.

　　아래의 그림에서 보듯 기준층의 해당 면적 표와 Sample Layout를 작성하여 임차인의 건물 견학 시 동선 및 배치에 대한 이해를 높일 수 있다. 최근 신축된 오피스 빌딩의 경우 고층부와 저층부의 사용 엘리베이터 홀이 아

　　　오피스 빌딩 임대자산관리 입문과 실무

닌 반대편 엘리베이터 공간이 창고 형태 등의 서비스 공간으로 제공되고 있다. 이러한 공간은 층 공용 또는 서비스 공간으로 표현할 수 있으며, 임대인의 의지에 따라 전용 면적, 공용 면적, 서비스 면적 등으로 제시될 수 있다. 일반적으로는 건물의 임대마케팅에 효과를 높이기 위해 전용 면적화하여 전용률을 높이는 도구로 활용되고 있으나 실제로는 업무 지원 공간으로 사용되는 경우가 대부분이다. 왜냐하면, 공조 시스템이 제공되지 않기 때문이다.

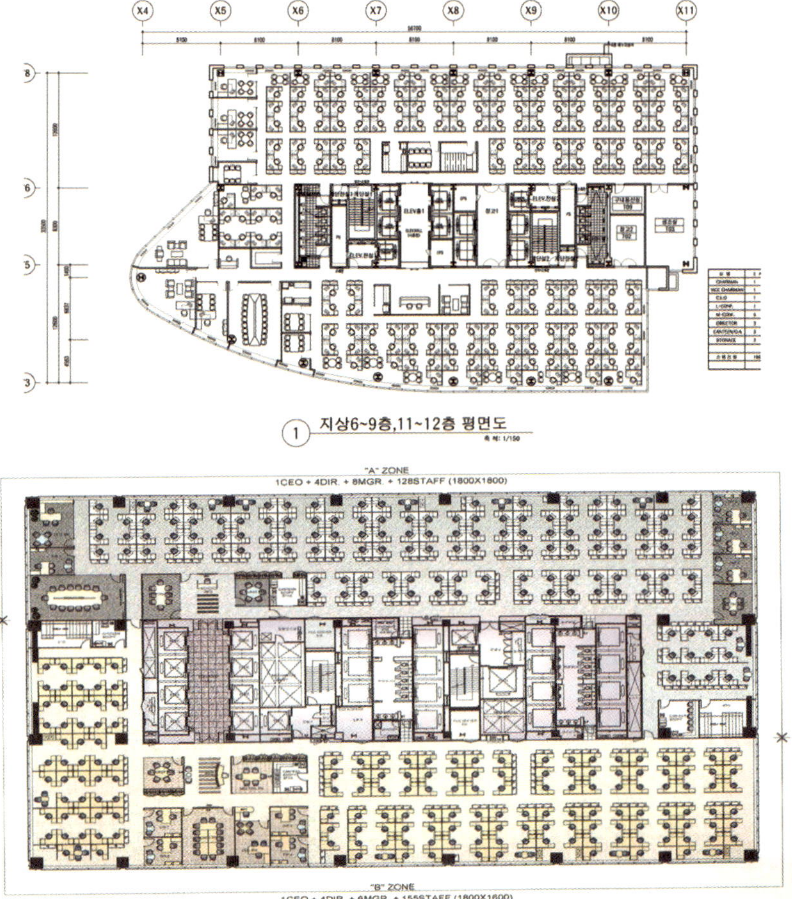

① 지상6~9층,11~12층 평면도

4

오피스 임대가
산정방법

오피스 빌딩의 적정 임대가 산정 방법은 우리나라의 관행적 임대가 산정 방법, 비용접근법, 시장접근법, 소득접근법 등이 있으며, 국제 기준(Global Standard)을 검토하여 산정하는 경우도 있다. 국내 기업의 일반적인 방법으로는 빌딩의 개별 특성에 대한 시장가치를 구할 수 있는 모형 개발 방향을 설정하고 기획하는 것이다. 계량경제학적 방법론(Hedonic Price Model)을 이용하여 임대가 결정 모형을 개발하고 이를 임대가로 결정하는 것이다. 두 번째로 국제 기준에 의거한 방법으로는 임대가 산정을 위한 정보를 수집한다. 조사 대상 빌딩을 선정한다(위치, 건물의 규모, 특성, 대중교통의 접근성, 건물의 조건, 건물의 등급 등). 그리고 조사 내용으로 위치적 특성, 건물의 물리적 조건, 임대 규모, 전용 면적, 임대차 계약 형태, 빌딩 서비스, 공실률, 관리비, 빌딩 경과 연수, 임차인 구성, 소유주, 하부 시장 환경 및 변화 요인 등을 면밀히 검토하여 산정하는 방식이다.

오피스 임대가 산정은 오피스 빌딩의 가치 평가 방법을 원용할 수 있으며, 오피스 빌딩의 가치 평가 방법에는 '비용접근법, 시장접근법, 소득접근법' 등이 있다. 먼저, 비용접근법을 알아보자.

1) 비용접근법
- 오피스 빌딩을 신축하는 데 소요되는 비용을 비교한 후 시장에서 적합한 비용을 선정하여 오피스 빌딩의 가치를 추계하는 방법이다.
- 현존하는 오피스 빌딩의 신축 비용과 부재 개량비(직·간접 비용과 기업의 이윤 포함)를 추계한다.
- 평가 시점 현재의 신축 비용에서 대상 오피스 빌딩의 감가상가액을 공제하여 계산한다.
- 토지가치를 추계하여 위의 산정 결과에 합산하여 정리한다.
- 주로 시장 활동이 부족하여 매매 사례 비교 상식이 유용하지 못할 때 활용되며, 주로 학교, 종교 시설, 공공시설 등 특수 목적 부동산과 같이 소득접근법의 적용이 부적절한 경우에 유용하다.
- 신축 오피스 빌딩의 경우 건축 비용과 시장가치와의 관계가 매우 직접적이어서 신축 오피스 빌딩이나 최근에 준공된 오피스 빌딩의 가치를 추계하는 경우 비용접근법을 적용할 수 있다.
- 타당성 분석에 있어서 건축 비용과 개발 비용을 추계하는 작업에 필수적으로 활용된다.

2) 시장접근법
- 대상 오피스 빌딩이 속해 있는 시장을 분석하고 비교 오피스 빌딩과 대상 오피스 빌딩을 비교하여 시장가치를 추계하는 일련의 과정으로, 최근에 매매되었거나 시장에 내놓은 오피스 빌딩과 비교하여 추계하

는 방법이다.

- 시장접근법을 이용한 가치 추계 방법

가. 대상 오피스 빌딩과 유형, 매매 시점, 규모, 위치, 용도 지역의 측면에서 유사한 특징을 갖는 비교 오피스 빌딩의 매매 사례, 제안 가격 등에 관한 정보 수집

나. 적절한 비교 단위를 선택하고(예를 들어 평당 가격, 노선가, 평당 비용) 각 단위에 대해 비교 분석

다. 비교 단위를 이용해 각 오피스 빌딩을 비교하고, 각 오피스 빌딩의 매매가격을 대상 오피스 빌딩에 맞추어 적정하게 수립

라. 오피스 빌딩을 비교 분석하여 구한 다양한 시산가치 또는 가치 범위로 적정하게 수정

마. 시장접근법의 활용으로는 대상 오피스 빌딩과 유사한 비교 매매 사례가 풍부한 경우에 유용한 방법이며, 자가 수요 주택과 같은 부동산의 시장가치나 중소 규모의 소유자가 소유하고 있는 상업용 또는 공업용 부동산의 경우 적절한 시산가치를 추계할 수 있음.

3) 소득접근법

- 오피스 빌딩의 기대 소득의 현재 가치로 오피스 빌딩의 가치를 추계하는 방법이다. (직접환원법과 수익환원법이 있다)

- 소득접근법을 이용한 가치 추계 방법

가. 소득의 추계 : 가능조소득(단위당 예상 임대료 X 임대 단위 수), 유효조소득 (가능조소득 – 공실 및 불량 부채에 대한 충당금)

나. 영업경비의 추계 → 순영업소득 산출(유효조소득–영업경비)

다. 자본환원률의 추계 → 순영업소득을 자본환원률로 나누어 오피스 빌딩의 자산가치 추계

- 소득접근법의 활용으로는 임대주택, 점포, 오피스 빌딩 등 임대용 부동산 또는 점포 등 수익이 창출되는 부동산의 가격을 구하는 경우에 유효함.

5

오피스 임대시장
조사 및 분석

　오피스 빌딩의 임대시장 분석은 글로벌 경기와 국내 기업의 동향과 주요 Business District의 시장 상황을 명확하게 파악할 필요가 있다. 주요 오피스 타운을 살펴보면, 도심의 경우 대형 프로젝트들의 진행이 과거에 비해 상당히 늘어났고, 대기업 등 우량 기업의 이전수요가 강남이나 기타 지역에 비해 장기적인 시점으로 한 번씩 일어나는 특징을 가지고 있다. 강남 지역의 경우 글로벌 경기 동향에 가장 민감한 시장으로 Subprime Mortgage Loan 사태 발생 시 공실률이 10%까지 육박했던 것을 보면 그 실태를 짐작할 수 있을 것이다. 여의도 시장의 경우는 금융권의 잦은 이동이 많이 없기 때문에 건물의 매각과 공급에 따른 영향이 크게 나타나고 있다.

1) 오피스 임대시장 분석

주요 수요 유발 요인을 분석한다. 글로벌 경기, 지역 경제, 고용 증가 요인 및 창업, 퇴출 기업 등을 통해 오피스 시장 동향을 파악한다. 시장 현황 분석으로는 주요 대상 지역의 오피스 임대료, 공실률, 소규모지만 전대(Sub Lease), 임대면적 축소 및 중도 해지 예정 면적과 일부 반환 면적 등도 면밀히 파악한다. 오피스 공급량 분석은 기존 공급, 계획 중이거나 건설 중인 공급 계획을 통해 공급량을 파악하고 리모델링 수요 및 기타 용도에서 오피스로 전환되는 물건 조사, 오피스가 호텔이나 기타 용도로 멸실 또는 변경되는 물량도 파악한다.

2) 오피스 특성 분석

물리적, 법적, 입지적, 경제적 및 재무적 측면의 특성을 분석한다. 해당 빌딩의 등급 설정과 규모, 권역, 입지, 주변 시장과의 융합 및 독점적 특징을 부여할 수 있도록 한다. 해당 오피스 빌딩 준공연도, 위치, 규모, 건물의 설비 및 각종 시설물의 특장점 등을 조사 분석한 자료를 준비한다.

3) 오피스 권역 분석

오피스의 주요 권역에 대한 지역 특성 분석(도심, 강남, 여의도, 기타 지역)에 대한 권역별 특성과 주요 공급 분석, 임차인 분석을 통해 예정 임차인 파악을 준비하도록 한다. 예를 들어 여의도의 경우 FIRE(Financial Insurance Real Estate)의 업종 분포 등을 살펴본다.

직접적인 경쟁요인을 분석한다. 업무수행의 효율성, 관련업종의 집중도, 집적효과, 위치 확인을 통한 용이성을 파악한다. 또한, 관련 업종의 집중도에 대한 설문조사를 실시하여 임차인의 의견 수렴과 주요 Tenants needs를 파악하여 효과적인 서비스를 제공하여 임차인을 유치할 수 있다.

PART 4
임대마케팅
전략 수립 및 실행

마케팅
프로세스

임대마케팅의 단계는 크게 1단계 시장 분석(성공 요인 도출), 2단계 목표 설정 및 임대 전략 수립, 3단계 계약 성사 및 임차인 관리로 구분할 수 있다.

1) 제1단계 시장 분석(성공 요인 도출)

지역 특성을 분석하도록 한다. 경제 환경 분석을 통해 글로벌 경기와 국내 경기의 흐름을 파악하고 국내외 기업들의 확장, 축소 의지 등을 사전에 파악하여 공간으로 활용되는지를 확인하여야 한다. 입지 환경 분석으로는 지리적 상권 분석 등을 통해 임차인의 동선과 상업 시설 이용자에 대한 동선과 주변 시설과의 연계성 등을 따져보아야 한다.

지역 환경 조사를 진행한다. 임대시장 조사를 통해 해당 빌딩의 임대 가능성과 임대차 계약 가능 시점을 유추할 수 있도록 한다. 예정 임차인과 가망 임차인 등을 구분하여 마케팅하고 가능성이 높은 경우 임차인에게 제공될 서비스와 편리성 등을 설명할 수 있도록 한다. 또한, 주변 경쟁 빌딩의 임대료와 임대조건, Rent-Free조건과 기타 Incentive를 확인하도록 하며, 공실률과 신축 공급 빌딩의 공급량과 공급시기 그리고 임대가 등도 면밀히 조사한다.

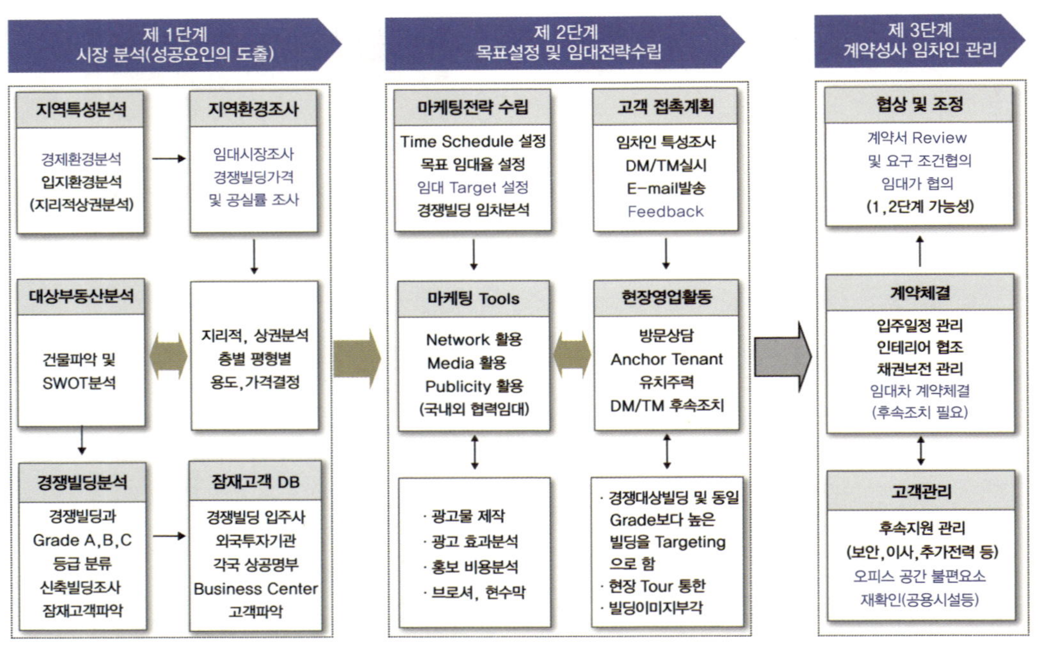

*부동산114, 이상영, 서후석, 손진수, 황종현, 김병욱, 윤여신, "임대역량 강화프로그램", 재구성

대상 부동산의 파악으로는 건물의 SWOT 분석을 진행하도록 하며, 이때

주의할 점은 해당 기업에서 1차 SWOT분석을 실시하며, 주변 임차인 및 건물주를 통한 분석 그리고 마지막으로 전문가를 통한 현장 실사를 통해 한 번 더 진행하여야 명확한 건물의 장ㆍ단점을 찾아낼 수 있다. 이렇게 발견된 장점은 더욱 부각시켜 마케팅에 활용하고, 단점의 경우는 비용이 들더라도 예산을 집행할 수 있는 추진력이 있어야 한다. 향후 임차인이 입주한 이후에 수선, 변경할 경우는 비용이 2배로 지출될 수 있다. 각종 상권 분석은 기준층, 상층부, 저층부의 활용도를 살펴보고, 적정 임차인의 평형별, 층별 용도 그리고 층별 가격 결정도 이 단계에서 실시하여야 한다.

경쟁 빌딩 분석 단계에서는 해당 빌딩을 글로벌 컨설팅사의 기준에 의거하여 빌딩 등급을 설정하여야 하며, 대상 빌딩의 등급이 설정되면 인근 경쟁 빌딩 중 타켓 빌딩을 결정하여야 한다. 마케팅 대상 타깃 빌딩이 많을수록 좋겠지만 주로 해당 빌딩보다는 Grade가 높은 건물을 타깃으로 하는 경우가 가장 일반적이다.

잠재 고객의 DB 활용으로는 경쟁 빌딩 입주사, 해당 마켓의 주요 임차인 구성(업종, 면적 등), 외국투자기관 및 각국 상공명부와 비즈니스센터의 미래 예정 임차인을 대상으로 하는 것도 좋은 방법이다.

2) 제2단계 목표 설정 및 임대 전략 수립(전략 수립 및 집행)

마케팅 전략을 수립한다. 타임스케줄을 작성하여 목표 임대율을 결정하도록 한다. 2008년 서브프라임 사태 이전까지만 해도 준공 전 100% 임대차 계약 완료를 목표로 하였으나 공급이 많고 서울의 각 지역별 공실률이 5%를 넘는 경우에는 준공 전 60~70%를 목표로 삼을 수도 있다. 그러나 어느 시점이든 마켓은 항상 어렵다고 판단하기 때문에 준공 전 100% 임대차 계약을 목표로 업무를 진행하는 편이 낫다. 강남의 GFC의 경우 건물 준공 후 100% 가깝게 임대차가 완료되는 시점이 약 2.5년이 걸렸으며, 도심의 신축 빌딩의 대부분은 준공 이후 90% 입주율을 넘기는 데 평균 1.5년의 기간이 소요된 것으로 조사되었다.

마케팅 방법으로는 Network를 활용하는 방법이다. 해당 빌딩의 LM 담당자들과 건물주의 네트워크를 통한 임대차마케팅인데, 실질적으로 관련 업무를 진행하는 회사들로부터 얻는 정보가 가장 정확하고 가장 많다고 할 수 있다. 기업 대 기업으로 만나 임대차가 활성화되는 것은 실질적으로 전문가들이 뛰어다니는 것 보다는 낮은 계약 성사율을 보이고 있다. 전문가들이 직접 마케팅을 할 경우는 도심에서 여의도나 강남으로의 이전이 가장 일반적이지만, Main Street에서 영등포, 신도림, 구로, 가산 등 외곽 지역으로 넓게 펼쳐나가는 것을 볼 수 있다. 이러한 영향은 전문 Agent들이 다양한 정보를 통해 기존 오피스 타운에 비해 낮은 임대료와 높은 서비스가 가능한 외곽 지역 빌딩에 대한 마케팅을 강화했기 때문으로 해석할 수 있다.

광고, 홍보 단계는 광고물 제작, 광고 효과 분석, 홍보 비용 분석, 브로슈어, 현수막 작성 등의 작업을 진행한다. 어떤 광고물을 제작할 것인지? 우리 건물에는 어떤 형태의 홍보 안내물이 필요할 것인지는 해외 사례나 국내 다양한 사례와 경험을 통해 진행할 수 있으며, 각각의 홍보 효과에 대해서는 뒷장에서 자세히 설명하기로 한다.

 오피스 빌딩 임대자산관리 입문과 실무

고객 접촉 계획 단계에서는 임차인의 특성 조사를 통해 DM, TM과 E-Mail 안내문 발송을 진행할 수 있다. 이때 중요한 것은 반드시 피드백 (Feedback) 과정을 거쳐야 한다는 것이다. DM의 경우 해당 담당자에게 직접 전달되었는지를 확인해야 하고, 전달된 내용에 대한 습득이 되었는지 방문 마케팅을 통해 알아보아야 한다. 대부분이 DM발송 후 후속 작업을 진행하지 않아 아까운 재화를 그냥 날려 버리는 경우가 허다하다. DM발송 후 자료를 받아 보지 못하는 경우가 많기 때문에 전화 방문, 그리고 직접 방문을 통해 총무, 경영지원 부서에 직접 자료를 전달할 수 있어야 한다. 최근 건물의 로비에서부터 방문 고객을 차단하는 경우가 있는데, 그럴 경우 인포메이션 직원에게까지만 전달하고 2차, 3차 방문을 통해 결국은 총무팀 담당자를 만날 수 있는 가닥을 잡아야 한다.

현장마케팅 활동에서 가장 중요한 것은 방문 상담이다. 이 단계로 곧바로 들어갈 수 있으면 얼마나 좋을까? 그러나 대부분의 경우 퇴짜를 맞기 일쑤다. 하지만, 빌딩 자료(브로슈어 및 홍보물)는 자동차 세일즈나 보험 관련 상품으로 고객을 찾는 것보다는 훨씬 수월하다고 이야기하고 싶다. 꾸준한 접촉(전화, E-Mail)으로 친밀도를 높여, 방문할 경우 만나주지 않으면 미안해 할 수 있을 때까지 지속적이고 꾸준하게 연락하여야 한다. 중요한 것은 남들과 똑같은 단순 자료 제공으로는 고객을 끌어들일 수 없기 때문에 다양한 정보와 시장의 흐름, 과거의 History까지 명확하게 꿰뚫고 이야기할 수 있어야 한다. Anchor Tenants 유치를 위해서는 대형 면적을 사용하는 임차인 List를 정리한 후 해당 임차인이 기존 빌딩에 어떤 불편 요소를 가지고 있는지 찾아내야 한다(예를 들어 복잡한 엘리베이터, 주차 시설, 높은 임대료, 불편한 Layout, 연층에 대한 기대 등). 대로변으로 나오고 싶어 하는 기업, 기업의 홍보를 하고 싶어 하는 기업 등 다양한 Needs가 있을 수 있다. 심지어

남향으로 햇볕이 잘 드는 사무실로 옮기고 싶다는 임차인도 있었으니 말이다. Anchor Tenant의 유치가 성사되면, 최소 건물의 50%에 가까운 면적이 할애되므로 나머지 임차인은 1, 2개 층 단위로 쪼개어 임차 진행하면된다. 50%를 사용하는 임차인의 경우 1년 이내 확장 가능성은 반드시 있다고 판단하면 된다.

경쟁 대상 빌딩과 동일한 등급의 빌딩보다는 높은 등급의 빌딩을 타깃(Target)으로 하고 현장 답사(Site Tour_Site Viewing)를 통해 빌딩의 이미지를 높일 수 있도록 한다. 빌딩 방문 예정 시간도 굉장히 중요한 요소이다. 우리건물을 어느 시간대에 어떻게 효율적으로 보여줄 것인가를 내 스스로 결정해야 한다.

3) 제3단계 계약 성사 및 임차인관리(후속 조치 등)

계약 협상 및 조건 협의 단계로서 현장 조사를 통해 해당 빌딩으로 임차할 의지가 생겼을 경우 계약서 협상에 들어간다. 단, 이 단계는 상당히 조심해야 할 경우의 수가 많으며 반드시 차, 부장급 이상의 경험자가 협상을진행해야 한다. 계약서 협상 단계에서 지금까지 진행해 온 조건 변경이 발생할 수 있으며, 인상률과 같은 금전적으로 민감한 사안이 남아 있기 때문이다. 국내 기업의 경우 계약서 협의는 1~2개월 이내에 결론이 나는 경우가 있지만, 길게는 6개월 이상의 시간이 소요되기도 한다. 외국계 회사는통상적으로 5~6개월이 일반적이며, 1년 가까이 시간을 끄는 경우도 발생할 수 있다.

계약 체결 단계에서는 입주 일정, 인테리어 Layout에 대한 상호 협의, 간판 및 외부 환경적인 요인과 지하 공용 시설물 이용에 대한 점검을 마쳐야 한다. 보증금에 대한 채권 확보와 제소전화해 조서의 작성 유무와 비용 지급 유무 등도 따져봐야 할 항목이다. 임대차 계약 체결이 끝나고 나면 반드시 후속 조치를 활발하게 준비해야 한다. 이 시점부터 임차인은 본격적인 이전 준비가 진행된다고 보면 된다. 이때, 임대인의 협조가 현재까지 보여 준 호의적인 태도가 아닐 경우 이전과 동시에 이탈을 계획할 수 있기 때문이다. 모든 것이 불편한 상황이고, 새로운 빌딩에 대한 적응이 필요하므로 소소한 것들이라도 꼼꼼하게 챙겨 주어야 한다.

고객관리를 포함한 후속 조치로는 보안, 이사, 추가 전력, 냉난방 추가 설치, 주차장 이용, 각종 시설물 이용에 대한 불편 요소를 제거해야 한다. 이때 제공되는 서비스 수준에 따란 향후 재계약에 까지 영향을 줄 수 있기 때문에 LM과 PM의 공조와 협조가 반드시 필요한 부분이다.

마케팅
환경 분석

1) 지역특성 및 시장환경 분석

시장 분석으로는 시장 전체 및 공실률 분석과 임대가 조사가 선행되어야 하며, 입지조건 및 경쟁구조 분석을 통해 지리적, 상권적 특성과 경쟁 빌딩(신축, 매각에 따른 공급, 용도변경 공급 등)도 조사 분석하여야 한다.

주요 내용으로는 시장 환경 분석을 통해 경기 동향과 전망 그리고 공실률, 임대 가격과 Incentive 제공 유무와 조건 등을 파악하도록 한다. 입지조건으로 대중교통의 접근성과 주요 도로의 접근성과 이용에 대한 이해를 도울 수 있도록 한다(주변 인프라 구성 확인 및 식당 등 서비스 시설 확인).

경쟁 구조로는 지역 내 업종 분포와 경쟁 빌딩에 비해 규모, 시설 등에서 차별화를 가질 수 있도록 하며, 경쟁력을 부각시켜 건물의 최대 장점을 살려야 한다.

	2011년						
	웨스트게이트타워	농협중앙회 신관	스테이트 남산	KT&G 서대문타워	시그니처타워	YG타워	을지로 미래에셋
주 소	서대문구 미근동 8-1	중구 의주로1가 1-4	중구 회현동2가 6-11	서대문구 미근동 8-1	중구 수표동 88-1	중구 다동 156	중구 을지로2가 145
대지면적(평)	854 평	1,125 평	2,658 평	1,556 평	2,098 평	846 평	2,772 평
연면적(평)	9,067 평	14,259 평	20,207 평	11,001 평	30,248 평	9,897 평(오피스)	38,035 평
빌딩규모	B7 / 19F	B6 / 21F	B6 / 24F	B5 / 14F	B6 / 17F	B6 / 23F	B6 / 25F
준공년도	2011. 1Q	2011. 2Q	2011. 2Q	2011. 2Q	2011. 3Q	2011. 3Q	2011. 4Q
소유주(Developer)	우리자산운용	농협중앙회	SH자산운용	KT&G	아센다스	한서스자산운용	Maps / 킵스 IND

	2011년	2012년			2013년		2014년
	풍산사옥	광화문 미래에셋	중학동 Project	스테이트 광화문	스테이트 명동	청진1지구	청진8지구
주 소	서대문구 충정로3가 95-1	종로구 당주동 29	종로구 중학동 62	종로구 청진동 188	N/A	종로구 청진동 221	종로구 청진동 140
대지면적(평)	1,448 평	1,400 평	2,036 평	874 평	846 평	1,284 평	1,240 평
연면적(평)	11,048 평	18,128 평	25,346 평	12,394 평	12,462 평	15,552 평	15,646 평
빌딩규모	B6 / 25F	B6 / 23F	B6 / 16F	B6 / 23F	B5 / 25F	23F	B8 / 24F
준공년도	2011. 4Q	2012. 4Q	2012. 4Q	2012. 4Q	2013. 3Q	2013. 4Q	2014. 3Q
소유주(Developer)	풍산홀딩스	Maps	킵스 IND	신한 BNP 파리바	N/A	KT	GL 메트로시티

[표 4-1] 마케팅 환경 분석 중 신규 오피스 공급 분석(2010년~2014년)

해당 빌딩 주변의 시장에 대한 신규 공급과 리모델링 공급 분석, 기존 오피스 빌딩의 공급 분석이 필요하며, 기타 서울 외곽 지역까지도 충분한 빌딩 데이터를 확보하고 있어야 한다. 이러한 자료는 임차인이 해당 건물에 방문해서 다른 건물과 계속적으로 비교 검토하기 때문에 우리 건물에 대한 장점을 기타 지역과 비교 설명할 수 있어야 하기 때문이다.

현재를 중심으로 미래에 공급될 오피스 빌딩의 지역별 자료를 구축해야 한다. 도심, 강남, 여의도를 중심으로 자료를 작성한 이후 서울 외곽 지역의 오피스 공급도 조사해야 한다. 구로, 가산, 신도림 및 서남부권, 상암, 판교 등과 인천 지역도 검토해야 한다. 이러한 공급은 대상 빌딩에 대한 경쟁 빌딩과의 정보 경쟁에서 우위에 서기 위한 전략이기도 하며, 임대료 책정에도 주요한 변수로 작용할 수 있다.

신규 공급 빌딩과 리모델링 공급 빌딩의 빌딩임대 안내자료를 활용하도록 하며, 다국적 컨설팅 기업인 CBRE, JLL, C&W, Savills 등과 국내 기업인 젠스타, 한화63시티, 교보리얼코, LG서브원, 포스메이트, 신영, ERA 등을 통해서도 자료를 제공받을 수 있다.

2) SWOT 분석

SWOT 분석은 강점(Strengths), 약점(Weaknesses), 기회(Opportunity), 위협(Threats)의 4가지 요소로 분석한다. 오피스 빌딩에 대한 SWOT 분석은 의외로 간단하게 나올 수 있으나 해당 건물의 관리자가 분석한 내용과 인근 빌딩 관리자 그리고 전문가들이 분석한 내용을 종합적으로 평가, 분석할 필요가 있다. 각각의 도출된 항목을 통해 강점과 기회 요소 그리고 적절히 이용될 약점과 위협 요소 극복 등의 방향을 제시할 수 있어야 하며, 그것을 통해 셀링 포인트(Selling Point)를 찾아야 한다.

SWOT 분석을 통한 셀링 포인트(Selling Point)의 예를 살펴보면, Location & Price 항목에서 좋은 위치에 비해 가격이 적정하다는 이야기를 할 수 있으며, 인근 지하철 및 대중교통 이용의 편리성도 함께 제시할 수 있다. 또

     오피스 빌딩 임대자산관리 입문과 실무

한, 경쟁력 있는 임대료 책정은 가장 중요한 변수가 될 수 있다(이때, 중요한 것은 미래 시장 상황을 예측하여 결단을 내려야 하며, 전문가의 자문을 반드시 들어야 함).

View & Design 부분에서는 산, 강 조망과 인근 빌딩의 스카이라인 및 트인 전망이 가능한지 여부를 파악하고 장점으로 부각시킬 수 있으며, 주변에 혐오 시설이 있는 경우 숨기려 하지 말고 향후 발전 계획에 따라 이전되거나 폐쇄될 가능성으로 고객을 설득하는 편이 낫다.

최근 사무실 이전 시 고려 요소를 조사한 결과 편리한 교통, 관련 기업과의 연계성, 임대료, 건물 및 지역의 지명도, 주변 환경의 쾌적성, IT 인프라 구축, 주차 공간 등의 항목을 중점적으로 보는 것으로 조사되었다. 이중 가장 중요한 변수는 바로 "임대료"가 제일 큰 변수로 작용했고, 국내외 경기 동향에도 가장 민감한 반응이 될 수 있다.

3

시장
세분화

시장 세분화에서는 크게 4가지 항목을 통해 조사할 수 있다. 입지 고려, 빌딩 Quality 제고, 빌딩 소유주 고려, 지역적 특성을 고려하여 빌딩 이미지와 Tenants를 결정지을 수 있도록 한다. 이후 빌딩의 Tenants Mix Plan에 따라 Major Tenants Target을 설정하고 잠재 임차인을 선정하여 타깃(Target Marketing)을 실시하도록 한다.

입지 고려에서 시장 세분화, 임대타깃 설정, 목표임대율 설정, Location 설정을 진행하도록 한다. 빌딩 Quality에서는 빌딩의 수준과 유사한 등급의 빌딩을 선정하여 등급을 비교 분석한다. 임차인 조사와 비용 분석 등이 이 부분에서 필요하다.

빌딩 소유주 분석에서는 빌딩 소유주의 Needs를 파악하고 고려 업종에 대한 시장 설명과 타깃을 명확하게 설정하도록 한다. 빌딩 이미지를 구축하는 것도 결과적으로는 임차인임을 알아야 한다 (예를 들어, 금융 관련 업종 또는 외국계 회사 및 다국적 기업 등으로 유치 계획을 가짐). 최근 빌딩 소유주가 리츠 (Reits)나 Fund 형태의 소유주가 많은데, 이러한 경쟁력 높은 빌딩과 경쟁하기 위한 개인 또는 법인 소유 빌딩의 경우 안정적인 임대인에 대한 강점을 부각시킬 필요가 있다.

지역적 특성 고려에서는 지역에 비중이 높은 임차인을 적극 유치할 수 있도록 마케팅하며, 마켓 트렌드도 정확하게 파악하고 있어야 한다.

위의 내용이 파악되면 빌딩 이미지에 맞는 임차인을 결정할 수 있으며, 이때 Tenants Mix 계획을 통해 Major Tenants Target 선정과 잠재 Tenants Target을 선정할 수 있다.

4

목표설정(Targeting) 및 실행

해당 빌딩 및 경쟁 빌딩의 등급과 입주사 분석을 진행한다. 입주사의 견실성과 Anchor Tenants 가능성을 검토하며, 건물의 컨셉과 이미지에 부합하는지도 검토하여 입주사를 선택해야 한다.

목표 Target Tenants의 경우에는 해당 빌딩 지역의 주요 업종에 맞는 기업을 유치할 수 있도록 해야 하며, 적정 타깃은 빌딩의 위치와 규모 그리고 빌딩의 이미지가 중요하다. 예를 들어 도심의 세종문화회관 인근의 신축 빌딩이라고 한다면 로펌 등의 기업과 공기업을 대상으로 마케팅을 진행할 것이며, 강남 테헤란로의 경우라면 국내 대기업, 외국계 IT 또는 E-Business기업, 국내외 우량 제조업, 패션 및 유통 관련업, 금융업 등이 대상이 될 것이다.

지역별 Target으로는 1차 대상은 인근 지역과 비슷한 등급의 빌딩 입주사를 대상으로 하며, 2차 대상은 인근 지역보다 상위 및 하위 등급 빌딩 입주사를 대상으로 마케팅을 실시한다. 3차 대상으로는 가장 가능성이 떨어질 수 있으나 타 지역 입주사를 대상으로 마케팅을 진행한다. 왜냐하면 신규 마케팅을 통한 임차인 유치의 경우 국내 기업은 인근 지역에서 이전하는 경우가 가장 많았으며, 외국계 기업의 경우 통합, 분산 등의 기업 환경에 따른 이전이 많기 때문에 통합의 경우 비용을 절감하여 모아야 하고, 분산할 경우 고비용이 들더라도 Business 향상을 위해서라면 Grade가 높은 빌딩으로도 이전할 수 있는 요인이 발생될 수 있기 때문이다.

규모별, 인지도 Target으로는 1차 대상이 Anchor Tenants, Key Tenants-Multinational Company를 중심으로 진행하며, 2차 대상으로는 Big Size Tenants와 Mid Tenants-Top Brand Company를, 3차 대상으로는 Mid, Small Tenants를 중심으로 마케팅한다.

5

국내 기업과
외국계 기업의
임대 요인

국내외 기업의 주요 빌딩에 대한 임대 요인 분석으로는 아래의 표와 같이 정리할 수 있다.

[표 4-2] 국내외 기업의 임대 선택 요인 분석

구분	외국계	국내
임대료	▪ Rent free 기간 선호, 낮은 보증금 비율	▪ 보증부월세 선호(보증금 비율 높음 선호) ▪ 낮은 임대가격(Asking rent) : 상대적으로 무상임대차 기간이 적음(과거이비해 높아짐)
임대차 계약기간	▪ 장기 임대차 기간 선호 : 5년~10년(규모, 인지도) ▪ 장기계약에 따른 인센티브 요청 및 임대료 Fix등 ▪ 임대료 조정율에 대한 사전 Fix 협의 제안(상한선등)	▪ 상대적으로 짧은 임대차 기간(1~2년) ▪ 합리적인 사전 통지로 중도해지 요청(대기업) ▪ 외국계 기업에 대한 학습효과가 높아지고 있음

오피스 빌딩 임대자산관리 입문과 실무

채권확보 (전세권/ 근저당권)	• Global Invest 빌딩 선호, 금융권을 제외하고는 채권 확보에 다소 덜 민감함 • 2007년"Subprime mortgage loan)이후 민감해짐	• 보증금에 대한 근저당권, 전세권 권리 설정 중요 • 일반적으로 120~130%의 금액으 로 설정 • 비용발생은 임차인 부담원칙
인테리어	• 상대적으로 많은 고가의 인테리어 설치(감가삼각비) • 사무실 외부, 내부가 개방 적임(유리, 스틸사용)	• 신축빌딩의 경우 거의 그대로 사용(최 소한의 규모) • 사무실 내부는 개방적임(외부는 철저 히 봉쇄)
Access Floor (바닥 마감)	• Access Floor 설치에 민감함 • 바닥 마감재에 민감하며, 수입카펫이 아닐 경우 교체	• Access Floor 설치를 점점 요구함(통 신, 전기등) • 바닥 마감재에는 덜 민감함(마루를 오 히려 선호)
천정고 (층고)	• 최소 2.6m를 요구하며, 최 근 신축(2.8~3.0m) • Center1, IFC, Signature Tower	• 천정고에는 덜 민감하나 2.5~2.6m 정도임 • 지속적으로 외국계를 따라가고 있음
주차장	• 24시간 주차가능 시스템(외국과의 Communication)	• 임원 지정주차 요구, 기사대기실, SUV차량 늘어남
주변시설	• 술집, 가스충전소, 모텔, 협오시설에 민감함	• 주변 시설에 덜 민감함 (식당, 지원시설 유무)
기타	• 보안, 에어컨 Zoning System, 넓은 로비, 공용 공간 • 내부 편의시설(구내식당, 공용회의실) • Tenants Mix 구성 및 계획	

위의 [표 4-2]에서 보는 바와 같이 임대료의 경우 과거 외국계 회사 위주로 임대료 면제(Rent-Free)에 대한 요구(Needs)가 많았는데, 2000년대 중, 후반부터는 장기 임대차 계약을 통한 Rent-Free 제공에 대한 협의가 지속적으로 늘어나고 있다. 다만, 마켓 공실률이 지역별로 차이가 있기 때문에 공급이 다소 줄어든 강남(GBD) 권역의 경우는 도심과 여의도에 비해 전분기 대비 줄어들고 있다. 국내외와 달리 외국계 회사의 특징적인 요인으로는 보증금의 비율을 낮추고 임대료를 높이되, Rent-Free를 많이 받아 결과적으로 임대료를 하향 조정하려는 부분이 다른 점이라고 말할 수 있다. 과거 2000년대 중반까지만 해도 보증금 비율을 높여 달라는 요구가 많았고, 그러한 상승률만큼 임대료를 할인하려는 국내 기업이 많았다.

임대차 기간의 경우 외국계가 3~5년의 중장기 계약을 선호하였고, 대사관과 같은 유형의 임차인의 경우는 최소 10년 이상을 계약하는 경우도 있다. 이러한 이유로는 잦은 이전에 따른 비용 증가과 Fit-Out 비용 절감, Interior 감가상각 부분에 대한 고려라고 볼 수 있다. 또한, 임대차 계약 이전에 합리적인 수준의 인상률 고정을 원하고 있고, 임대차 계약 기간의 중도 해지를 원하지 않는 것(쌍방 중도 해지 및 일부 해지 불가)도 특징적인 부분이라 하겠다. 국내 기업의 경우는 1~2년의 단기 계약을 선호하고, 계약 기간 중 중도 해지를 원하는 경우가 많다. 이러한 이유는 세계 경기 동향에 따른 기업의 축소, 확장 등을 탄력적으로 운영하고자 하는 경우가 많았으며, 2년 계약에 1년 고정(Fix) 이후 3개월 전 통지로 중도 해지 가능 등의 문구를 삽입하는 경우가 더러 있다.

채권 확보의 경우는 업종에 따라 큰 차이를 보이고 있다. [표 4-2]에서는 다소 민감성이 적다고 이야기하고 있지만, 실제로 외국계 생명보험사와 같은 경우는 임차 예정 빌딩에 근저당 금액이 당해 감정평가 금액의 40%를 넘게 되면 임대차 계약이 불가한 경우도 있었다. 결과적으로 채권 확보에 대한 부분은 빌딩주의 신용도와 인지도에 따라 상당한 차이를 보이고 있으며, 다국적 기업이 소요하고 있는 빌딩을 우선 선호하는 것도 특징적인 모습이다. 2008년 서브프라임 사태 이후 채권 확보에 대한 부분이 더욱 강화된 것이 사실이다. 국내 기업의 경우는 근저당권, 전세권 등을 요구하고 있으며, 일부 투자수익형 부동산의 경우 채권 확보 불가 시 질권 설정을 진행하거나 깔세(무보증 월세, 선납 임대료) 방식 등으로 진행하기도 한다.

인테리어의 경우도 외국계 회사의 경우는 수입 카펫을 비롯하여 상당한 비용을 지출하는 경우가 많은데 반해 국내 기업의 경우 신축 빌딩을 그대로 사용하거나 칸막이 정도의 기본적인 인테리어를 진행하는 경우가 많다. 최근 글로벌 경기 침체로 인해 외국계 회사의 경우도 과거에 비해서는 적은 비용으로 인테리어를 진행하는 것이 조금 변화된 상황이다. 또한, 보안을 철저히 유지하는 반면 사무실 인테리어를 유리와 스틸로 가볍고 유쾌하게 설치하는 것이 특징이며, 국내 기업의 경우는 외부에서 내부를 들여다보지 못하도록 설치하고 있어 외국계보다는 다소 폐쇄적인 느낌을 준다.

Access Floor의 경우는 외국계와 국내 기업 모두 선호하는 요소이며, 2000년대 후반에 준공된 건물의 경우와 리모델링 빌딩의 경우는 모두 설치되어 있는 것이 기본이다. 다만, 이러한 OA Floor가 설치되지 않은 빌딩의 경우는 대기업 및 우량 외국계 회사를 유치하는 데 어려움이 따를 수 있으며, 추가적인 임대료 조정 요인이 되기도 한다.

천장 높이(Ceiling Height)에 대해서는 최근 신축 빌딩의 경우 2.7~2.8m를 유지하고 있으며, 강남과 주요 오피스 타운의 대부분의 빌딩은 2.55(m)~2.6m가 가장 일반적인 천장 높이로 볼 수 있다. 이러한 천장 높이에 민감한 것은 외국인들의 평균 신장이 내국인보다 10% 이상 차이가 나기 때문이기도 하며, 칸막이 등으로 답답한 실내 Layout을 보다 쾌적한 환경으로 유지하고자 하는 부분이라고도 말할 수 있다.

주차장의 경우는 승합 차량의 자주식 주차가 가능한 빌딩을 선호하고 있으며, 기계식 주차로 인해 불편한 요소가 발생될 경우 외국계 회사의 임차 성공 가능성은 떨어지게 된다. 소규모 임차인이라 하더라도 수입 차량을 이용하거나 국산 대형 승용차를 이용할 시 입차가 불가능한 경우가 발생하기 때문에 주차장의 규모와 주차 방식은 중요한 빌딩의 서비스 공간으로 최근 더욱 부각되고 있다.

주변 시설의 경우는 편리 시설과 혐오 시설로 구분할 수 있으며, 필자의 경험으로는 미국과 유럽계 회사보다는 일본계 회사가 이에 더욱 민감한 반응을 보였다. 혐오 시설로는 유해 환경 물질을 보유, 저장, 소비하는 경우(예를 들어 가스충전소 등)나 유흥 시설이 밀집한 경우를 배제하고 있다. 국내 기업의 경우는 식당과 서비스 시설(인쇄, 복사, 은행, 공공시설 등)이 밀집된 것을 선호하고 있으며, 유흥 시설이나 혐오 시설에 대한 민감도는 외국계에 비해 덜 예민한 것으로 나타났다.

최근에는 빌딩 내부 인프라 구성을 주요한 선택 요인으로 보게 되는데, 빌딩관리 서비스를 대한 부분도 자세히 조사하고 있다. 예를 들어 보안의 경우도 평균 연령, 교육 정도와 경력 등을 요구하고 있으며, 청소, 에어컨

의 조닝(Zoning) 가능 유무, 24시간 출입, 냉난방 조건, 주차 요원, 근무자
의 인터뷰까지도 요구할 정도다. 또한, 임차인 구성(Tenants Mix)을 민감하
게 체크하고 있으며, 구내식당과 대형 강당, 중소 규모의 공용 회의실, 체
력단련실(Fitness 유무) 등도 중요한 요소로 확인하고 있다.

결과적으로 이미 확정된 공간과 규모의 빌딩을 외부 기업으로부터 선택
받게 하기 위해서는 위에서 언급한 다양한 요구 사항에 맞는 서비스를 개
선, 개발하는 것이 무엇보다 중요할 것이다.

홍보
계획 수립

오피스 빌딩에 대한 공실 안내와 빌딩 홍보에 대한 자료나 정보가 과거에는 외부로 유출되지 않도록 하였으나 현재는 빌딩 공실의 과다와 경쟁이 치열해짐에 따라 정보가 오히려 넘쳐나는 수준까지 도래하게 되었다.

아래 표에서 보는 바와 같이 각각의 홍보 매체를 통한 장단점을 분석해 보자.

DM의 경우 표적이 간단하고 List up을 할 수 있으며 제작기간이 짧은 장점은 있으나 담당자에게 직접 전달되었는지 유무가 명확하지 않고, 비용 대비 효과가 다소 떨어진다고 이야기할 수 있다.

빌딩 브로슈어의 경우 시청각적인 효과가 우수하며, 특정 고객에게 전달이 가능하고 많은 양의 정보를 전달할 수 있는 장점이 있다. 제작 기간이 다소 긴 것이 단점이며, 기업의 특성에 맞는 컬러, 이미지 등으로 의사 결정이 더딘 것도 아쉬운 부분이다. 그렇지만 다른 홍보 수단에 비해 빌딩의 이미지를 상승시키는 효과가 있으며, 다양한 정보(Sample Layout, 도면, 빌딩 홍보 사진_조감도, 기준층, 부각시키고 싶은 공용 시설물 등)를 제공할 수 있는 장점이 있다.

신문은 제작 기간이 짧고 특정 독자층에게만 전달할 수 있다는 장점이 있다(경제지, 영문신문, 한정된 지역, 예를 들어 역삼동 등), 단점으로는 광고 수명이 짧고, 비용이 많이 든다는 점을 들 수 있다.

부동산 전문지의 경우 광고 수명이 길고, 표적이 가능하며, 인쇄의 질을 높일 수 있다. 다만, 독자가 한정적이어서 외부 광고로 활용하기에는 다소 아쉬움이 있다.

인터넷은 요즘 가장 많이 활용하는 매체이며 전문 채널의 증가로 표적이 가능하고, 24시간 이용이 가능하다는 장점이 있으나 이용자가 적다는 점과 다수의 예정 Tenants에게 알리기에는 한정적이라는 단점이 있다. 최근 동영상과 각종 홍보물을 인터넷상에 안내하는 경우가 있지만, 비용 대비 효과는 미진하다.

현수막은 오래 전부터 관행적으로 해왔던 것으로 건물의 외부에 임대 안내 광고를 싣는 것으로 주목성은 강하지만 빌딩의 Grade를 떨어뜨릴 수 있으며 정보의 양이 적고, 인허가상의 문제가 많은 단점이 있다. 관할 행정 기관으로부터 벌금과 함께 철거 명령이 나올 수 있으니 주의해야 한다. 또한, 현수막의 경우 시설비가 적고 빠른 홍보 효과를 누릴 수 있으나 건물의 Quality를 떨어뜨리며, 실제로 임대차 계약에 영향을 미치는 경우는 그다지 많지 않다.

마지막으로 최근 가장 일반적으로 사용하는 자료로 빌딩 안내 홍보용 E-Mail 자료이다. ppt 형식으로 제작된 본 자료는 PDF 파일로 각각의 전문 Agent회사에 송부된다. 빌딩의 구조적인 내용과 설비, 임대 공간과 임대조건 그리고 각종 편의 시설과 특장점을 잘 표현하고 있다.

구분	외국계	국내
임대료	• Rent free 기간 선호, 낮은 보증금 비율	• 전달이 불확실하다
빌딩 Brochure	• 시청각효과로 특정 고객에게 전달가능 • 많은 양의 정보전달 가능	• 제작기간이 길다 (1개월 이상)
신문	• 제작기간이 짧다 • 특정 독자층에만 전달 어느 정도 가능 (경제지,영자지 등)	• 광고의 수명이 매우 짧다 • 비용이 많이 든다
부동산 전문지	• 광고 수명이 길다 • 표적이 가능하다 • 인쇄의 질이 높다	• 독자가 한정적이다

인터넷	• 전문 채널의 증가로 표적이 가능하다 • 24시간 이용가능 하다	• 전달 가능한 정보의 양이 적다 • 이용자가 한정적이다
현수막	• 주목성이 강하다	• 정보의 양이 적다 • 인허가 상의 문제가 있다

[표 4-3] 홍보 수단에 대한 영향 분석

삼성생명, 에이스타워

◆ General Information

주소	서울특별시 중구 순화동 1-170
위치	5호선 서대문역 도보 4분, 2호선 시청역 도보 6분거리
연면적 / 규모	43,451㎡ (13,144py) , 21F/B5
준공일	1991년(2001년 Renovation)
기준층 면적	임대 1,600.37㎡(446.11py) 전용 852.99㎡(248.26py)
전용률	53.46%(7층 이하 55.61%)
엘리베이터	총 7대
주차대수	무료주차 1대/198.35㎡(60py) 유료주차 190,000원/월(VAT별도)
주차사항	총 230대
특이사항	대중교통 및 자가차량 접근성 탁월
	대로변에 접도하여 가시성 우수
	Center Core설계로 효율적인 Layout 가능

◆ Location

◆ Location

(VAT별도)

층수	임대면적	전용면적	보증금/임대료/관리비 (단위 : 원/평)	입주 시기
21F	1,348.93㎡ (408.05py)	701.46㎡ (212.19py)	750,000 / 75,000 / 31,000	즉시
15F	802.91㎡ (242.88py)	427.94㎡ (129.45py)		
10F	290.21㎡ (87.79py)	154.97㎡ (46.88py)		
8F	1,582.16㎡ (478.60py)	830.87㎡ (251.34py)		
5F	2,590.16㎡ (783.52py)	1,440.14㎡ (435.64py)		
2F	261.13㎡ (78.99py)	145.22㎡ (43.93py)		
2F	1,056.17㎡ (319.49py)	570.45㎡ (172.56py)		
1F (후면)	191.41㎡ (57.90py)	102.31㎡ (30.95py)	670,000 / 67,000 / 21,000	
1F (전면)	784.20㎡ (237.22py)	397.72㎡ (120.31py)	1,185,000 / 119,000 / 30,000	
B1	95.37㎡ (28.85py)	45.49㎡ (13.76py)	390,000 / 39,000 / 21,000	
합계	9,002.65㎡ (2,723.29py)	4,816.58㎡ (1,457.01py)		

Contact : 손석원 팀장(2003-8060 / 010-3313-3141 / sukwon.son@mygenstar.com)

김수한 과장(2003-8023 / 010-6589-5243 / soohan80.kim@mygenstar.com),

김희준 과장(2003-8065 / 010-5259-9909 / heejun.kim@mygenstar.com)

◆ 1F Typical Floor Plan & Signage

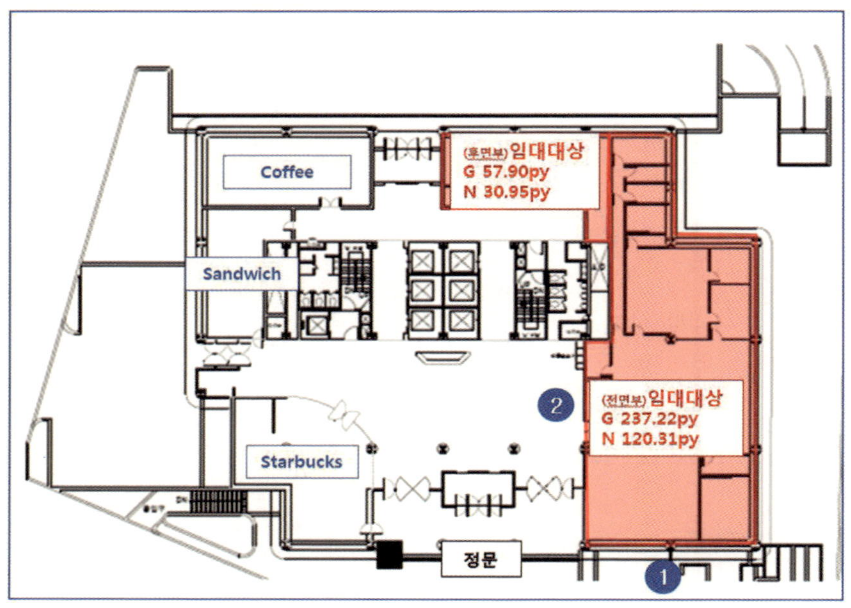

① 채널간판 (외부)

② 채널간판 (내부)

◆ Typical Floor Plan

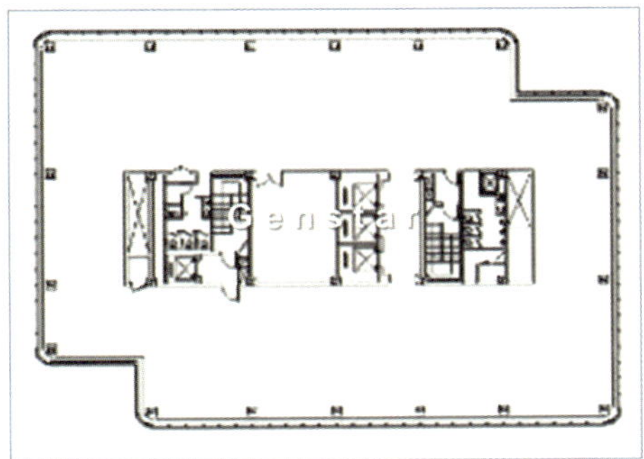

Leasing Information(2014년 9월 기준)

City Center (구, 쌍용타워)

◆ General Information

주소	서울특별시 중구 저동2가 24-1
위치	2, 3호선 을지로3가역 도보 3분
연면적 / 규모	37,274.98㎡ (11,275.68py), 18F/B2
준공일	37,274.98㎡ (11,275.68py), 18F/B2
기준층 면적	2014년 4Q 예정
전용률	임대 2,242.93㎡(678.49py)
엘리베이터	전용 1,619.84㎡(490.00py)
주차대수	72.22%
주차사항	총 7대(승객용 5대, 비상용 2대)
특이사항	무료주차: 추후 협의
	대로변에 접도하여 가시성 우수
	총 91대

◆ Location

오피스 빌딩 임대자산관리 입문과 실무

◆ Location

(VAT별도)

층수	임대면적	전용면적	보증금/임대료/관리비 (단위 : 원/평)	입주시기
18F	2,242.93㎡ (678.49py)	1,619.84㎡ (490.00py)		
17F	2,242.93㎡ (678.49py)	1,619.84㎡ (490.00py)		
16F	2,242.93㎡ (678.49py)	1,619.84㎡ (490.00py)		
15F	2,242.93㎡ (678.49py)	1,619.84㎡ (490.00py)	890,000 / 89,000 / 35,000	'14년 4Q예정
14F	2,242.93㎡ (678.49py)	1,619.84㎡ (490.00py)		
13F	2,242.93㎡ (678.49py)	1,619.84㎡ (490.00py)		
12F	2,242.93㎡ (678.49py)	1,619.84㎡ (490.00py)		
11F	997.49㎡ (301.74py)	720.40㎡ (217.92py)		

◆ Typical Floor Plan

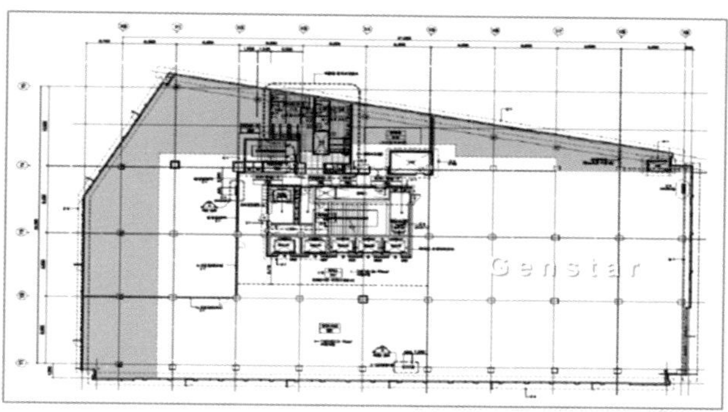

Contact : 김성순 팀장(2261−5976 / 010−9093−6237 / mark.kim@mygenstar.com)

김수한 과장(2003−8023 / 010−6589−5243 / soohan80.kim@mygenstar.com)

7

현장
마케팅

현장마케팅은 해당 빌딩에 일부 공간을 지정하고 그곳에서 직접 임대마케팅을 진행하는 것으로 건물주와 예정 임차인 또한 전문 Agent들과의 만남, 교류의 장소가 되기도 한다. 사람들이 자주 모여야 서로의 정보와 임차 예정 Tenants의 다양한 Needs를 파악할 수 있으므로 최대한 효과적으로 공간을 연출하여야 한다.

과거 GFC(구, Star Tower)와 교보강남타워가 서울에서는 가장 먼저 임대안내 쇼룸을 만들어 사무 공간 활용과 실제 임대 마케팅에 사용되었다. 통상적으로 빌딩의 공용 시설을 사용할 수 없는 준공 전에 미리 인테리어를 실시하여, 전기만 공급이 가능한 상황으로 임대 사무실을 운영하게 된다. 이에 추위와 더위와 싸워야 하는 경우가 흔하지만, 준공 전 100% 임대차 계약 완료를 위해서는 반드시 필요한 공간이다.

최근에 준공된 Center1, 여의도 IFC 빌딩과 리모델링된 서울스퀘어타워(SST)의 경우도 준공 이전에 해당 건물 또는 인근의 Grade A급 빌딩의 기준층 일부 공간에 인테리어 마감을 실시한 후 임대 오피스를 활용하여 예정 임차인의 이해를 돕고 시설물에 대한 경험을 미리 할 수 있도록 했다.

1) 현장 사무실의 개설과 조직 운영

현장 사무실 개설에 따른 조직도로는 건물주(업무총괄)를 중심으로 현장 사무실(임대 총괄, 임대차관리 및 마케팅) 운영을 통해 효과적인 임대차 결과를 도출할 수 있도록 한다. 현장 사무실의 주요 업무로는 빌딩 홍보 기획과 안내 그리고 내방객 상담이 이루어지며, 리서치 및 방문 상담을 통해 경쟁 빌딩 조사, 잠재 고객 발굴, 지속적 TM관리 등의 업무를 수행한다. 기획 업무로 각종 홍보물 작성과 홍보물에 대한 기업체 방문, E-Mail 송부 등의 업무를 진행하며, 현장에는 2명 이상의 직원이 상주하는 것을 원칙으로 한다. 물론, 빌딩의 규모에 따라 상주 인원은 늘어날 수 있다. 상주 기간은 임대차 계약 100% 완료 시를 목표로 하나 80~90%의 임대차 계약과 입주가 완료되는 경우 현장 오피스를 철수하거나 축소하기도 한다.

건물주의 요구에 따른 주요 업무로는 주간 회의를 통해 임차인의 동향, 마케팅 결과, 시장 현황 그리고 방문 고객의 Needs, 건물 안내 시 발생되었던 각종 장·단점 분석 등을 통해 신규 마케팅을 적극 활용한다. 건물주는 전문 임대대행업체를 통해 시장 정보를 듣게 되며, 현장 사무실을 총괄

하고 있는 대행 회사의 임원은 실제 움직이는 임차인 List와 동향, 이전 가능성과 목적, 필요성, 임대조건과 상주 인원 등 임차인의 특징에 따른 다양한 정보를 보고하고 논의하도록 한다. 이때 중요한 것은 임차인의 동향과 Needs에 대한 신뢰성 있는 내용을 보고하여야 하며, 가능성 보다는 실제 상황을 정확하게 이해시키는 것이 중요하다. 또한, 각종 Incentive에 대한 협의는 무조건 할인해 달라는 취지보다는 시장 상황에 대한 이해를 통해 임대인의 설득과 임차인의 이해가 중요하다. 임대대행업체의 총괄 팀장은 많은 임대차 경험과 시장 상황에 대한 이해 그리고 짧고 간결한 집중력을 가지고 발표하여야 하며, 사회적 경험과 지휘가 높은 건물주를 최대한 이해하고 배려할 수 있어야 한다.

2) 현장 사무실 운영에 따른 방문객 임대 접수

현장 사무실 운영을 통해 빌딩을 방문하는 고객을 응대할 때는 상대방의 기분이 상하지 않도록 정중하고 신뢰감 있는 대화를 통해 해당 기업의 내용을 파악해야 한다. 정부 출현 기관의 빌딩이나 공기업 형태의 빌딩의 경우 아직도 보수적인 형태로 임차인을 대하는 경우가 있는데, 엄격히 말해서 임대 안내와 임대마케팅은 철저히 '서비스'라는 것을 잊지 말아야 할 것이다. 임차인이 있어야 PM도 있고, FM도 있다는 것을 잊어서는 안 된다.

임대차 계약을 위한 방문 고객의 Check List로는 크게 임차인 정보, 임대조건, 임차 환경, 각종 일정, 제출 서류 그리고 상담 내용 등이 있다.

- 임차인 정보에는 회사명, 연락처, 설립연도, 업무 분야, 주요 주주, 회사 연혁, 재무 상태, 입주 목적, 현주소, 홈페이지, 기업의 장점 등이 기록되어야 한다.
- 임대조건으로는 임대면적, 실면적, 임대 보증금, 임대료, 관리비, 임대 기간, Rent-Free 조건 및 각종 Incentive, 무료 주차 대수(자주식, 기계식), 유료 주차 대수와 비용, 채권 확보(전세권, 근저당권, 질권 설정 등), 특이사항(예, 전력, 추가 냉난방, 추가 주차, 창고, 24시간 운영, 구내식당, 체력단련실, 공용 회의실, 강당, 샤워실, 실내 흡연실, 휴게실 등) 협의가 있다.
- 임차 환경으로는 빌딩 정상 근무 운영 시간(예, 08:00~19:00), 냉난방 운영 시간, 적정 온도, 상주 인원 수, 내방객 수, 각종 정례회의(외부 인원의 단체 방문 등), 추가 설비(에어컨, 실외기, 전산실 등), 유틸리티(Utility_상하수도, 전기, 가스, 항온 · 항습기 등) 사용량, UPS시설 가동 유무, 비상 발전 시스템 등을 체크한다.
- 각종 일정으로는 현장 방문 일정(1차, 2차, 3차, 엔지니어들과 CEC 방문 일정 등)과 계약 체결 예정일, 계약금 입금 예정일, 잔금 입금 예정일, 공사 개시 예정일, 임대료 지급 예정일, 관리비 지급 예정일, 인테리어 공사 총일 수 등의 체크가 필요하다.
- 주요 상담 내용으로는 위의 4가지 내용과 함께 임차조건에 대한 협의가 수시로 일어날 것이며, 인근 경쟁 빌딩으로 뺏기지 않기 위한 Relationship을 쌓을 수 있어야 한다. 계약 날인과 계약금이 입금될 때까지 절대 마음을 놓지 말아야 한다. 계약금과 잔금을 납입하고 인테리어가 완료되었다가도 입주하지 않는 경우가 발생할 수 있다.

3) 임차인에게 제공될 Check List

　임차인에게 제공될 주요 Check List로는 설비 부분에 대한 내용이 주요하며, 전기, 냉/난방, 공조, 하중, 창문, 통신, 조명, 출입, 보안, 안전, 창고, 운송수단, 주차관련, 내부마감 등 다양하다. 최근에 신축하는 빌딩의 경우 설비 부분에서 가장 많이 신경 쓰는 것이 바로 전기와 통신이다. 임차인들의 전기, 통신에 대한 Needs가 가장 예민하기 때문이며 사용량 또한 지속적으로 늘어나고 있다. 임차인의 업종과 특성에 따라 다소 차이는 있지만, 시대가 변화함에 따라 텔레콤 관련 업종과 E-Business와 Game Soft(구글, 페이스북, 아마존, 이베이, NHN, Daum, NC Soft 등)의 규모가 점차 확장되고 있다. 과거 24시간 빌딩을 개방하는 경우도 많지 않았지만, 현재 거의 대부분의 오피스 빌딩이 24시간 출입이 자유롭다(예, 예전 Grade C급 빌딩의 경우 정문을 통제하는 경우가 있어 임차인이 2층에서 뛰어내리는 등의 건물 탈출이 시도되기도 했음).

Category	Question	Answer
전기	건물 전체 전력 공급량	13,000k
	24시간 1개층에 공급 가능한 전력량	1,000k(최대 3,000k)
	건물 전체 비상전력량(가동시간, 비상전력방식-등유등)	비상발전기가동(2,800k), 투라인회선방식(가동시간 무한정), UPS 사용시 1시간
	건물 전체 비상전력의 사용가능 시간	
	층별 비상전력량	

구분	항목	내용
	임대인의 UPS (Uninterrupted Power Supply)를 임차인이 사용할 수 있는지 여부와 할당 가능한 용량	사용가능, 사용량은 협의가능
	추가 전력 증설이 가능한지 여부 (용량)	추가증설가능, 용량은 1,000k
	비상전력이 서비스되는 내용	발전기나 UPS 사용
	층별 비상전력 사용가능 시간	
냉/난방 HVAC System	정규 냉난방 운영시간	7:00~19:00
	층별 제어 가능유무 및 별도 에어컨설치유무	층별제어가능
	평균 냉방 온도	24.5~25도
	항온항습기를 위한 냉각수 공급 가능성	냉각수 공급가능
	공급 가능량 (위 항목이 가능할 경우)	용량은 check 해야됨
	비정규 시간의 냉난방에 대한 요금	
공조	실내 환기 시스템(단일덕트방식, 이중덕트방식)	단일
창문	창문개폐 가능한지 여부와 규모	불가
통신	PABX시스템의 사용여부 (자동식구내교환기)	사용
	디지털과 아날로그의 사용 여부	디지털
	Raised Floor 설치 여부와 깊이	有(105mm)
	인터넷 설치(KT, LG파워콤, 하나로 등)	LG net 사용

조명	사무실의 밝기 (LUX), 평상시, 하시	500~750LUX
출입	공용 공간/복도에서 임대차 물건으로 통하는 출입구가 2~3개 가량 되는지 여부	5개
	24시간 출입의 가능여부	24시간 출입가능
보안	중앙통제방식, 층별 통제방식	중앙통제
	보안설비에 대한 설명	스피드게이트, 층별 보안기
안전	소방안전설비에 대한 설명	스프링쿨러, 소화전설비, 낫푸설비(전산실), 웨이티 케미컬(주방) 프렉션 밸브(주차장), 알람밸브(사무실), 배연설비(배연창), 방화샷다 제연설비(연기배출)
창고	층별 창고의 유무	없음
	지하창고와 같은 큰 공간의 창고 유무 및 임대가능성(임대료)	없음
운송 수단	승객용 엘레베이터(제품명/승객수/용량등)	오피스 29개, 20명
	화물용 엘레베이터	2대
	에스컬레이터	6대
주차 관련	유료주차 (원/평/월-부가세 제외)	200,000원, 1대/70평
내부 마감	층고(바닥~천장)	2,650mm
	블라인드 및 커튼의 설치 여부	롤 스크린
	바닥재 및 바닥하중	타일카펫, 200/m2
	천장재 명칭 및 마감형태	암면택스 T바

빌딩의 신축, 리모델링의 준공 1년 전 또는 6개월 전에 대략적인 마감 상태에서 전문 Agent를 모시고 빌딩 임대 설명회를 실시한다. 통상적으로 전문 의전 서비스 업체(보안)를 활용하도록 하며, 해당 건물 로비나 강당을 사용하기도 하고, 호텔을 컨벤션 센터를 빌려 진행하기도 한다. 대략 100~200여명 정도의 전문가들을 초정하게 되는데, 행사의 주요 내용은 아래와 같다.

- 빌딩 Image up-전문가 PT(건물의 주요 부분과 강점을 최대한 부각시킴), 통상적으로 해당 임원이나 대표이사가 직접 진행한다.
- 건축 시공사 및 설계회사의 전문 임원이 직접 2차 부연 설명을 진행하며, 각각의 Detail한 설명과 서비스 활용에 대한 강점을 부각시킨다.
- 1차적으로 작성된 빌딩 안내 브로슈어를 제공하여 임차인을 수급하는 전문 Agent들의 이해를 돕도록 하며, 전문 PM사와 국내외 컨설팅 업체를 모아 설명회를 진행한다.
- 효율적인 임대 성과를 기대하는 이벤트 형식으로 진행하며, 간단한 식사와 음료를 제공하고 기념품(골프공, 가방, 빌딩 로고가 새겨진 넥타이, 여권지갑 등)을 선물로 증정한다.
- 또한, 전문 컨설턴트들의 참여를 높이기 위해 추첨을 통한 경품 지급도 최근 다양하게 일어나고 있다.
- 결과적으로 많은 사람을 모으는 일이 중요하므로, 평상시 국내외 전문 Agent회사와 개별 팀장급 및 담당 임원들과는 좋은 Relationship을 유지하도록 해야 한다. 건물주 및 투자자와 귀빈들을 모시는 자리이므로 전문 아나운서 및 MC를 활용하는 것도 좋은 방법이며, 재즈 및 가

벼운 식사시간의 콘서트도 좋은 관람 요소가 되고 있다.

- 주로 식사 시간 직전인 오후 4시~5시경에 진행하며, 빌딩 이미지에 맞는 판촉물 제작과 배포에도 상당한 정성을 기울여야 한다(가치가 떨어지는 선물은 오히려 방문 고객들에게 불만을 줄 수 있으므로 주의해야 함). 또한, 선물의 가치와 이미지도 빌딩의 Quality와 Grade를 보여 줄 수 있는 만큼, 심혈을 기울여 제작하여야 한다(다양한 샘플을 통해 간직하거나 오히려 선물을 줄 수 있는 품격이어야 한다).

- 행사의 준비는 준공 전 최소 6개월 이전에는 실시하도록 한다.

5) 입주 심의 및 사후 관리

입주사 사전 심의를 진행한다. 임차 의사가 있는 Tenants의 재무 구조,

빌딩 사용 컨셉의 적합성, 출입 및 상주 인원, 건물 용도의 적합성, 24시간 이용 등을 점검한다. 또한, 이전에 사용하던 빌딩에 문제는 없었는지, 이전하는 이유는 무엇인지(축소, 확장, 수평 이동 등), 직원들의 복장 및 분위기를 살펴보도록 한다. 또한, 남/여 구성비는 어떻게 되는지 살펴보아 화장실, 엘리베이터 및 공용 시설 사용에 대한 의견을 검토해 보아야 한다.

임차의향서 접수 및 층별 배치를 확인한다. LOI(Letter of Intent)의 체계적 접수 및 입주사 선호도에 맞는 층별 배치안을 구성한다. 또한, Tenants Mix Plan을 통한 건물 가치 실현을 극대화한다. 이후 임차의향서에 관련한 내용을 확인한 후 계약서 Review를 진행하며, 협상된 내용이 완료되면 계약 내용 전체를 Summary하여 건물주 또는 AMC 담당 임원에게 계약 승인 서류로 보낼 수 있도록 한다. 승인이 완료되면, 내부 공사를 착수하기 위한 '인테리어 도면' 승인 서류를 접수받는다. 이때 소방, 전기 등의 안전진단을 확인하며 보증금의 잔금 납입을 확인한 이후 공사 착수를 허가하도록 한다. 인테리어 업체와의 불협화음이 다소 발생할 수 있으나 건물의 안전과 관련된 내용은 꼼꼼히 점검하고 무리가 없도록 하며, 이행하지 않을 경우는 공사 중지 또는 출입 금지 등의 강력한 제재를 가할 수 있도록 한다(관리 규정과 관련 법규 조항을 파악하며, 입주 일정 관리 및 승강기 사전 예약 절차도 중요함).

8

임대차
계약체결

1) 임대차 계약서의 필수 조항

임대차 물건 표시, 계약 기간, 임대 보증금, 임대료, 관리비, 권리 양도 및 전대 금지(계열사에 한해 일부 허용), 일부 면적 반환 금지, 중도 해지 없음, 수선비 부담 구분, 제소전화해 조서 작성 및 비용 책임, 원상 복구, 손해배상, 면책, 계약의 해지 권한, 정전 및 건물관리인의 관리 소홀로 발생하는 손해, 매년 임대료 조정(인상률 및 인상 범위), 계약체결 시 보증금(30%), 잔금(인테리어 공사 전) 70%를 납입하도록 한다.

임대 가격 조건 협의에서는 Rent-Free 및 장기계약을 유도하도록 하며, 인상률은 3~5% 범위 내에서 탄력적으로 적용한다. 매년 인상률을 적용할 경우 임대 보증금, 임대료, 관리비 모두를 인상 조정하도록 하며, 보증금 인상에 우려를 표명하는 경우 임대료와 관리비로 전환하여 적용할 수 있다. 또한, Rent-Free의 경우 초기 발생하여 적용할 것인지, 매년 계약일로 할 것인지, 아니면 계약 종료 시점으로부터 거꾸로 환산하여 적용할 것인지도 계약서에 명기하여야 한다.

2) 임대차 계약조건 협의 시 유의할 점

내부 인테리어 공사 진행 전에 반드시 별도 협의 후 진행하도록 하며, 용도 변경 및 인허가 사항의 주체와 비용 부담을 명시하도록 한다. 공사 기간 중의 임대료, 관리비 부담 조건과 공사 시간의 한정 및 사전 입주 등에 대해서도 구두 협약에 대한 내용을 계약서에 명기하여 향후 문제의 소지를 원천 차단하도록 한다. 명도 시 원상 복구의 내용과 범위 이행 의무 등에 대해서 명확히 명기하며, 계약서에 도면 첨부와 사진 첨부, 날인을 함께하도록 한다. 보증금 및 선납 임대료 등을 입금 확인한 이후 입주를 허가하도록 하며, 임대 보증금의 100% 납입이 되지 않은 상황에서는 인테리어 공사를 진행할 수 없도록 해야 한다(사전 인테리어 공사 허가 시 입주 불가 상황이 발생할 경우 신규 임대차 진행과 기존 인테리어 철거 및 보상에 대한 문제를 떠안을 수 있음). 중도 해지 배상금 조항을 사전에 파악하고, 협의 시 전액 보증금 조건 금액 산출 방식을 명시하도록 한다.

① 임대차 승인 요청서(Approval Form)

임대차 계약 승인 요청서에 들어갈 내용은 아래의 표와 같다.

임대면적, 실면적, 보증금, 임대료 및 지급 날짜, 지급액(%), 임대차 계약 기간, 중도 해지 항목, 인상률과 인상 범위, 제소전화해 조서, 무료 임차 기간(Rent-Free), 무료 주차 대수 및 조건(자주식, 기계식, 지정석 등), 인테리어 공사기간에 대한 항목(공사 개시일, 관리비 부과일, 임대료 부과일), 외부 간판 설치에 관한 내용, 손해배상 조건 협의 등의 내용을 명확하게 기입한다.

본 승인 요청서를 통해 전체 계약서 내용을 요약 정리하도록 하며 하단엔 담당자의 서명 날인이 들어가도록 하고, 건물주의 승인 공문 회신을 받아 계약 날인을 진행하도록 한다. 국내 계약서의 관행상 간인 날인, 각 장 날인, 최종 면 서명 날인과 도면 날인, 사진 날인까지 빠지지 않도록 한다.

APPROVAL OF NEW TENANT

I hereby approve the execution of a new lease agreement with (Pioneer) for the Pacific Tower (Mirea Saram) Building under the following terms and conditions:

Leased Area: Floor	73.87 pyung Gross rentable area 38.06 pyung Net rentable area 10th Floor
Deposit: Deposit Payment Date	KRW 45,060,700 (KRW 610,000 / pyung) KRW 13,518,210 November 12, 2003 (30%) KRW 31,542,490 November 30, 2003 (70%)
Monthly Rent:	KRW 4,506,070(KRW 61,000 / pyung)
Monthly Maintenance Fee	KRW 1,920,620 (KRW 26,000 / pyung)
Lease Term:	3 years
Early Termination Right:	None
Annual Escalations	Greater of 5% or CPI on Rent, Deposit and Maintenance Fee
Pre-Trial Settlement	None
Free Rent Period:	November 17, 2003 ~ November 30, 2003
Free Parking:	1
Commencement Date: Fit-Out Period:	December 1, 2003-Rent November 17, 2003-Maintenance Fee November 17, 2003 ~ November 30, 2003 (Only maintenance fee will be charged to the tenant)
Assignment and Subleasing	None
Penalty Charge (Article 16.2)	5 months worth of the Monthly Rent and Maintenance Fee

통상적으로 상가 임대차 계약을 진행할 때 사용하는 방법이었으나 최근 기업의 신용도가 낮은 경우가 발생함에 따라 외국계 투자 빌딩의 경우 '제소전화해조서'를 실시하는 사례가 늘어나고 있다.

보통은 "Retail 업종 및 신용 상태가 불확실하거나 특수 시설을 요하는 업종"이라고 한정하고 있다. 그러나 국내 IT 및 신규 창업 회사의 경우 과거의 재무제표와 신용도를 체크할 수 있는 자료가 빈약하므로, 제소전화해 조서를 통해 안정성을 채우고 있다. 또한, 제소전화해조서는 명도 시 권리금, 유익비 등 기타 분쟁의 소지를 사전에 해소하기 위해 실시하는 '법원 판결'이다.

작성 이유로는 임차인의 명도 불응 시 법적 절차가 복잡하고 시간이 장시간 소요됨에 따라 이를 사전 조정하여 미리 법원의 판결을 받아 놓기 위함이다. 그러나 명도 소송 발생 시 제소전화해조서를 발동시킨다고 해도 즉시 해결되는 것은 아니며, 일반적인 명도 행위보다는 다소 시일이 단축되는 효과를 가져온다.

작성 장소는 공증법률사무소 및 법무사 사무소에서 진행할 수 있다. 다만, 비용이 다소 비싸더라도 공증법률사무소를 이용하는 것이 편리하며, 법무사 사무소를 이용할 경우 관리 빌딩 담당자가 법원을 내방하는 번거로움이 발생할 수 있다(단, 비용은 저렴함).

비용 부담은 원칙적으로 임대인의 비용 부담이 맞으나 시장 상황에 따라 유동적으로 바뀔 수 있다. 현재와 같이 임차인마켓이라면, 임차인의 연약한 신용도(Credit)에도 임차인을 받아야 하므로 제소전화해조서의 발생 비용을 임대인이 100% 부담하게 된다. 그러나 통상적으로는 임대인과 임차인의 균등 분담 원칙으로 진행한다(임차인은 신용도가 낮은 상태로 좋은 빌딩에 들어가야 하고, 임대인은 어려운 시장 상황에서 신용도가 낮은 임차인을 받아야 하므로 서로 50%의 Risk를 가지고 있다고 보는 견해도 있음).

필요 서류로는 임대인 측은 위임장, 임대차 계약서, 도면, 건물 등기부등본, 법인등기부등본, 화해 조서가 필요하며, 임차인 측은 법인인감증명서, 법인인감도장, 주민등록증 등이 필요하다.

필수 기재 항목으로는 임대 목적물의 표시(면적) 및 계약 기간을 명기하며, 임대료와 납입 일자, 제3자에 양도, 양수, 전대 금지 내용과 명도 시 유익비와 권리금 청구 불가 내용을 기재한다.

③ 인테리어 공사 안내 및 보증금 담보 제공(채권 확보)
공사 관련 업체는 공사 계획서를 작성하여 건물관리 회사에 공문으로 접수하여야 하며, 내용은 아래와 같다.

- 공사 승인 신청서
- 설계도서 및 시방 공사 내용(공정별 범위)
- 시공 일정 계획표
- 엘리베이터 사용 신청서
- 소방 시설 조작 승인 신청서
- 현장 대리 인계

– 각서(업무 수행 및 권리금 청구 불가)

입주 시 사전 물품 반입 신청서와 승강기 사용 신청서 접수가 필요하며, 보증금 입금 이후 담보 제공에 따른 채권 확보 방법은 크게 질권 설정, 근저당권 설정, 전세권 설정으로 크게 나눌 수 있다.

- 관계사, 금융기관, 정부투자기관 약속어음 발행
- 근저당 설정 시에 설정자(임대인)는 대표자의 인감, 법인등기부등본, 등기권리증이 필요하다.
- 설정 요청자(임차인)는 설정 계약서, 위임장, 설정등기 신청서 1부, 법인등기부등본 1부가 필요하다.
- 담보 설정 비용은 임차인의 부담으로 하며, 채권 할인 비용도 포함한다.

PART 5
임차인관리 방안

1

빌딩관리
일반

빌딩관리는 소유주와 임차인 모두에게 상호 보완적인 관계로 서로 Win-Win할 수 있는 관계를 만들 수 있도록 한다. 임대인은 수익의 최적화와 건물 수명의 연장, 자산가치의 상승 및 보전이 필요하며, 임차인은 최적의 시설 사용과 최소 임대 비용 지출로 만족도를 높여야 한다.

아래의 표에서 보는 바와 같이 빌딩관리의 Performance관리에서 가장 중요한 것은 수익 극대화와 비용 최소화로 볼 수 있다. 수익 극대화 방안에는 크게 Leasing Package 개발로 임차인과의 성공적인 협상을 통해 최상의 임대조건과 장기 임차를 진행할 수 있도록 한다. 또한, Target분석과 시장의 수요, 공급 분석, 적극적인 빌딩 Marketing이 선행되어야 한다. 이를 기준으로 적정 임대가 산정 및 마켓에서 수용 가능한 조건과 서비스를 부각시키도록 한다. 이때 제공되는 각종 Incentive는 외부에 유출되지 않도록 하며, 임차인과 긴밀한 협력 관계를 가지도록 한다. 공실 발생 억제와

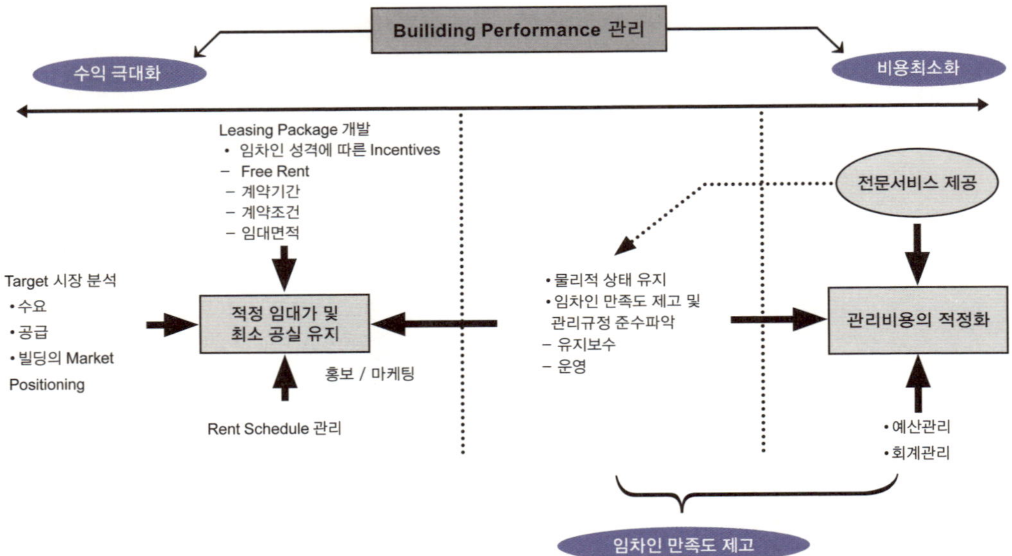

*부동산114, 이상영, 서후석, 손진수, 황종현, 김병욱, 윤여신, "임대역량 강화프로그램", 재구성

최소 공실 유지 그리고 재계약의 성사율을 높이는 것이 가장 중요하다.

임차인의 물리적 이용에 대한 '임차인 만족도 조사'와 조사 이후 후속 조치를 긴밀하게 진행하도록 하며, 관리 규정 준수(여름철 냉방 온도에만 철저해서는 안 됨.), 효율적인 유지·보수(임차인들의 편익 제공에 대한 동조 의식 필요), 관리 비용의 적정성을 따져 보고 예산관리, 회계관리도 함께 수행되어야 한다.

이때 회계 전문가, 기술 전문가, 설비 전문가, LM(Leasing Marketer) 등의 자문과 업무 협조를 받아야 한다.

   오피스 빌딩 임대자산관리 입문과 실무

1) 빌딩관리 일반(PM관리)

빌딩관리의 목표는 적정 임대가 산정과 부과 그리고 공실 최소화로 빌딩의 수익 극대화를 위한 Building Performance 관리가 중요하다. 주요 전략으로는 시장 상황에 변화하는 마켓 상황을 적용한 Leasing Package를 개발 수행한다.

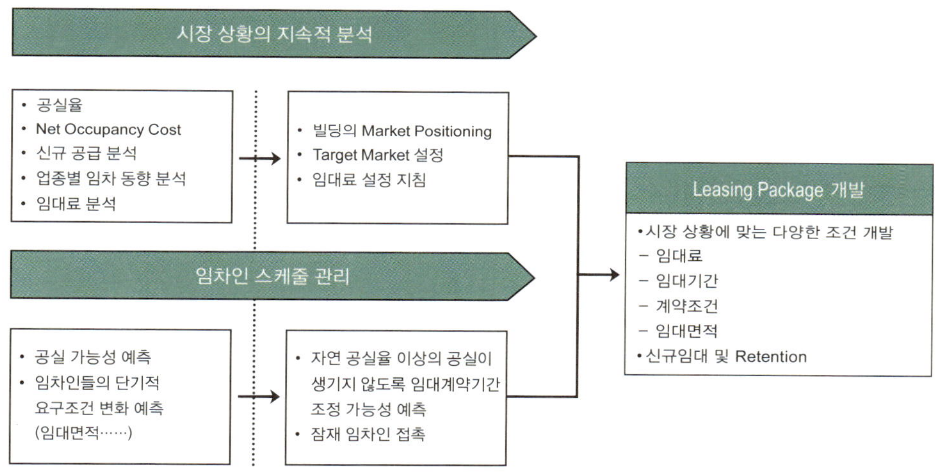

시장 상황의 지속적 분석에서는 해당 빌딩 주변 마켓의 공실률과 NOC(실질 임대료)와 신규 공급 분석을 체크하도록 한다. 주변 빌딩의 경우 얼마의 Rent-Free와 기타 Incentive를 제공하는지를 명확하게 알아야 한다. 또한, 주변 시세 분석을 통해 해당 빌딩의 적정 임대료 분석을 실시한다. 빌딩의 마켓 포지셔닝(Market Positioning)을 실시하며, 예정 임차인을 설정하여 적극적인 마케팅을 진행한다.

　임차인 스케줄 관리는 공실 가능성을 예측하고 임차인의 단기적 요구사항을 수시로 체크하여 이전 수요를 사전에 차단하도록 한다. 자연 공실률 이상의 임대 공간이 나오지 않도록 예의 주시하며, 잠재 임차인과의 접촉을 꾸준히 실시한다. 주변 신축 빌딩의 장점을 분석하고, 임차인의 수급 동향을 파악하여 기존 빌딩의 단점과 장점을 차례로 분석해 적용하도록 한다.

　항상 주의할 점은 시장 상황에 맞는 임대조건을 개발하도록 하며, 이는 분기별로 실시하여야 한다. 시장의 변화가 다른 어떤 부동산보다 빠르기 때문이다.

2

수납계획 및
미수금관리

1) 월별 수납 계획 수립

임대료는 당월 선납을 기준으로 하며(개별 빌딩별로 후납의 경우도 있음.) 관리비는 전월 후납으로 진행한다(투자 관련 빌딩의 경우, 임대료와 관리비 모두 선납으로 진행하기도 함). 기준일로는 매월 1일 또는 5일(1일인 경우도 있음)로 수납하며, 추가관리비는 정산하여 납기일 전에 세금 계산서를 발행하여 수납 징수한다. 최근 임, 관리비를 모두 선납하는 경향이 많으며, 추가관리비만 후납으로 징수한다. 추가관리비에는 냉난방 사용에 대한 비용이 가장 많으며 전기, 전열 비용도 사용 면적당 청구한다(최근 층당 냉난방 또는 층의 해당 공간만 냉난방을 하는 경우가 있어 추가관리비에 대한 비용 부담이 계속 상승하고 있음).

실비관리비 형식으로는 지방의 빌딩이나 중소형 빌딩의 경우 일정 금액을 정해 놓고 전기, 수도, 냉난방 비용을 별도로 지급받는 방식이다. 실비 관리비는 후납으로 징수하며 매월 25일 수납한다. 관리 사무실에서 전월 사용 내역을 매월 10일 접수한 후 내부 시스템을 입력하여 15일 전에 세금 계선서로 발송한다.

2) 임대차 계약 갱신

계약 만료 30일 이전 또는 임대차 계약서의 정해진 기일 내에 '갱신과 조정' 통보를 공문 형식으로 제출한다. 통상적으로 2~3개월 전 임대차 계약 갱신 의사를 쌍방이 통보하도록 되어 있는 경우가 가장 많으며, 임대 시장이 어려울 경우 6개월 전 사전 통지로 임대인의 공실 해소 시간을 보장받으려는 움직임도 다수 있다(민법상 임차인은 1개월 전 사전 통지로 계약 갱신 및 해지를 할 수 있고, 임대인은 계약 종료 2개월 전의 사전 통지로 계약 갱신 및 해지를 통보할 수 있음). 최근 재계약의 경우도 시장의 임차인의 부재로 신규 계약에서 발생하는 Rent-Free 등의 각종 인센티브 조건을 제시하는 임차인이 나타나고 있는데, 이는 주변 빌딩의 신규 임차 조건이 어려운 마켓 상황으로 인해 기존 재계약에도 악영향을 끼치는 요인으로 볼 수 있다.

임대차 및 계약 갱신 내용에 대해 해당 입주사와 협의할 경우 충분한 시장 조사와 마켓의 공실 상황 그리고 경쟁 빌딩의 임차조건 등을 면밀히 조사 분석해야 한다. 또한, GBD의 빌딩에 있다고 하더라도 CBD와 YBD 그리고 판교와 상암, 구로, 가산의 기타 지역까지도 빌딩의 임차조건을 확보하고 있어야 한다. 그럴 경우 재계약의 확률을 높일 수 있으며, 임차인이 제시하는 조건에 적극적으로 대응할 수 있다(마켓 상황에 어두운 경우 재계약이 아니라 기존 임차인이 이탈하는 것을 막기 어려울 것임).

임차인과는 재계약이 다가왔을 때 친밀한 관계를 가지려고 하지 않아야 한다. 이에 평상시 좋은 Relationship을 가질 수 있어야 하며 상호 양보, 조정, 협조 관계를 면밀히 해야 할 것이다. 임차인의 평상시 불편 요소를 충분히 제거해 주고, 임대조건이 너무 빡빡할 경우 약간의 조정도 장기적인 측면에서는 불가피하게 적용할 수 있어야 한다.

재계약 체결 및 재계약에 따른 보증금 수납과 수납 계획에 따른 임대료 및 관리비 조정이 필요할 것이며, 가급적 보증금의 인상(근저당권, 전세권 등 채권 확보로 추가 비용 발생과 번거로움)분을 임대료에 전가하여 불편 요소를 제거할 필요가 있다. 보증금의 인상분을 과감히 포기하고 임대료와 관리비의 인상분을 조정 확약하여 재계약을 성사시키는 것이 중요할 것이다.

외국계 기업과 대사관 등은 재계약임에도 신규 계약과 동일한 조건 또는 처음 입주 당시의 인센티브 조건을 제시하여 임대인을 당혹하게 하는 경우가 있는데 이는 임차인이 장기 계약을 요구하는 것이므로 신중하게 연간 Rent Cash flow를 분석해 볼 필요가 있다. 기존에 오랜 기간 임차해 준 것에 대한 보상과 추가로 장기 계약을 진행해 줌에 대한 예의를 보여 줄 필요가 있으며, 이로써 장기적인 충성 고객 List에 회사를 하나 더 추가할 수 있다.

3) 수납 계획 및 미수금관리

수납의 주체로는 건물주를 대신해서 PMC에서 진행한다. 통장관리와 도장관리를 대행하기도 하지만 대부분은 비용의 조정, 지급, 통제는 AMC에서 직접 통제한다. 사실, 임차인의 연체는 처음 임대차 계약 시점에서부터 예측할 수 있다. 임차인의 신용도가 낮을수록 연체할 가능성이 높기 때문이다. 이를 예방하기 위해 임대 보증금을 10개월에 해당하는 임대료로 하지 않고, 보증금의 비율을 높이거나 임대료의 3개월치에 해당하는 금액을 보증금 이외에 따로 지급 받기도 한다(과거, 기획 부동산 및 IT 신생 업체의 경우와 Grade A급 빌딩에 반드시 입주하고자 했던 기업의 경우 보증금 비율을 높이고, 제소전화해조서를 작성하고, 추가 임대료를 3개월치 선납하는 조건의 계약을 체결하기도 했음).

이러한 여러 가지 안전장치를 했음에도 불구하고 연체가 발생할 경우에는 아래의 표와 같은 프로세스(Process)로 업무를 수행한다. 1개월 연체일 경우 유선 독촉과 면담을 실시하며, 어려운 상황을 직접 체감할 수 있도록 한다. 또한, 임차인의 회유와 설득을 통해 가급적 해당 기간 내에 임대료를 납입할 수 있도록 감정적인 설득을 필요로 한다. 2개월 연체가 발생할 경우는 일반적인 표준 계약서의 내용으로 "계약해지"에 해당하는 경우가 많다. 그렇다고, '연체에 따른 계약해지 공문'을 곧바로 송부하기는 어렵다. 1개월 연체의 경우처럼 유선 독촉과 방문 면담 그리고 계약 해지를 예고하는 내용의 최고장과 공문 발송을 준비하도록 한다. 임차인의 태도에 따라 즉시 내용증명 우편으로 보낼 수도 있으며, 가급적 시점별 임대인의 행위에 대한 기록을 남겨 둘 필요가 있다. 향후 명도 소송과 제소전화해조서 발동에 중요한 기록물로 확인될 수 있다.

　3개월 연체의 경우 유선 독촉과 방문 면담 그리고 해지 통보와 계약 해지 및 신용 조사를 실시하도록 한다. 임차인의 특별한 소명(공문)이나 대표이사의 직접적인 확약이 없는 경우에는 명도를 즉시 진행하도록 한다(제소전화해조서 발동).

구 분	1개월 연체	2개월 연체	3개월 이상 연체
관리주체	각 지부	자산관리팀	자산관리팀
주 요 업무내용	•유선 독촉 및 방문면담	•유선독촉 및 방문면담 •계약해지 예고 (최고) 내용의 공문발송 (내용증명우편)	•유선독촉 및 방문면담 •계약해지(최고)통보 •계약해지 및 신용조사 •명도진행(재소전화해 조서 발동 등)

구분	집중관리 process
손실가능 입주사 처리	1차 방문면담(지부) → 계약해지 통보 → 2차 방문면담(본사,자발적 퇴거 유도) → 명도거부 시 → 명도소송진행(신용평가병행) → 사후처리
대손 발생 입주사 처리	신용평가 의뢰 → 재산이 있을 경우 → 가압류 신청 → 경매 → 재산이 없을 경우 → 채권추심기관에 의뢰/회수 → 미회수 時 → 대손처리

　손실 가능 입주사 처리로는 1차 방문 면담·계약 해지 통보, 2차 방문(본사, 자발적 퇴거 유도)·명도 거부 시 제소전화해 조서 발동과 동시에 명도 소송을 진행한다. 이후 신용 평가를 병행하며, 사후 처리로 임대인과의 관

계에서 문제가 발생하지 않도록 한다. 또한, 건물관리 대행사는 출입 통제와 건물주에게 찾아가서 행패를 부리는 일이 없도록 사전에 방지하여야 한다(절대, 건물주의 신원이나 회사명, 회사 주소, 연락처 등이 알려지지 않도록 주의함).

대손 발생 입주사 처리는 신용 평가를 의뢰하고 재산이 있을 경우 가압류를 신청한 후 경매로 처리한다. 재산이 없을 경우는 채권 추심 기관에 의뢰하여 회수하거나 미회수시 대손 처리를 즉시 발동하도록 한다. 대손 처리 비용은 보증금에서 미수금+원상 복구 비용+명도 지연에 따른 Penalty(임대료+관리비+명도소송비)로 처리된다. 통상적인 원상 복구 비용 추정은 인테리어가 있을 경우 평당 40~50만 원 선으로 지정하며, 없을 경우는 10~20만 원선을 기준으로 한다. 명도 소송 비용의 경우 최소 5~10개월의 기간이 소요되므로 기간에 따른 비용이 가감될 수 있다.

오피스 빌딩 임대자산관리 입문과 실무

3

임차인 만족도 조사 및 분석

임차인의 만족도 조사 및 분석은 '쾌적한 사무 공간 제공과 양질의 서비스'를 제공하기 위해 실시하는 실질적인 설문 조사로 임차인의 의견이 적극 반영될 수 있도록 기획하여야 한다(비용과 시간).

임차인 만족도 조사의 주요 항목으로는 아래와 같으며, 통계 처리를 위한 부분도 마련되어 있다. 최근의 추세를 보면, 나이가 젊을수록, 남성보다는 여성이 꼼꼼하고 직접적인 응답을 하는 경우가 늘고 있으며, 관리자의 간담을 서늘하게 하는 지적도 상당 부분 발생하고 있다.

- 쾌적한 사무 환경(사무실 온도, 습도, 환기 시스템, 소독관리 등)
- 안내 및 보안 시스템(근무자의 태도, 친절, 전문성)
- 주차장 시설 이용 및 응대
- 전반적인 빌딩관리 운영(직원태도, 고장신고접수, 대응, 청소, 공용부, 환경)

- 외부인의 접근 용이성 및 편의 시설 이용(방문객의 응대, 불편 요소 등)
- 종합관리 평가(재계약에 대한 의사 평가)
- 통계 처리를 위한 질문(빌딩명, 회사명, 성별, 연령, 직위, 근무 회사 규모)

이러한 설문 조사 결과가 빌딩관리의 중요한 척도로 활용될 수 있지만, 건물관리 PM팀장과 임차인과의 좋은 Relationship으로 다소 결과치가 상이하게 나올 수도 있어 100% 신뢰하기는 어려울 수도 있다. 낮은 점수로 평가되는 빌딩의 경우 건물관리가 엉망일 수도 있고, 담당자의 업무 태만으로 지적될 수도 있다. 높은 점수로 평가되는 빌딩의 경우도 관리자가 임차인과 좋은 관계를 유지하는 노력이 많을 수 있다는 점으로 점수 결과를 신뢰하기 어려울 수 있지만, 결과적으로 임차인과 좋은 관계를 만든다는 것은 기본적인 쾌적한 사무 환경이 유지되지 않고서는 어려운 부분이기 때문에 어느 정도 '임차인 만족도 설문 조사'는 신뢰성을 갖는다고 볼 수 있다.

안녕하십니까,

본 조사는 쾌적한 사무 환경 및 양질의 서비스를 제공하기 위하여 실시하는 것입니다. 귀하의 의견은 저희가 관리하고 있는 건물관리의 기초 자료로서 매우 귀중하게 쓰일 것입니다.

We value your input on our performance.

1. 관리 운영에 관한 설문 (Management)

	매우 불만 Very Bad	불만 Bad	보통 Average	만족 Good	매우 만족 Very Good
1. 건물관리 직원의 태도와 친절도에 대해서 어떻게 생각하십니까?(전화상 포함) Appearance and courteous of CBRE staff.	1	2	3	4	5
2. 고장 신고를 하였을 때 조치는 신속하였습니까? Timeliness of response.	1	2	3	4	5
3. 문제점에 대한 관리 직원의 대응 수준은 어떠하였습니까? Competency of staff.	1	2	3	4	5

2. 청소관리에 관한 설문 (Janitorial)

	매우 불만 Very Bad	불만 Bad	보통 Average	만족 Good	매우 만족 Very Good
1. 화장실의 청결 상태는 어떻게 생각하십니까? General appearance of restrooms.	1	2	3	4	5
2. 엘리베이터 홀, 복도 등 공용 부분에 대한 청결 상태는 어떻게 생각하십니까? General appearance of public area such as E/V hall or corridor.	1	2	3	4	5
3. 비상계단과 출입구의 청소 상태는? General appearance of emergency stairs and entrance.	1	2	3	4	5
4. 주차장 및 건물 주변의 청소 상태는? General appearance of building and parking lot.	1	2	3	4	5
5. 쓰레기 수거에 대해 어떻게 생각하십니까? Trash removal in your area.	1	2	3	4	5

3. 보안 · 주차 · 안내 관련 설문 (Security, Parking & Reception)

	매우 불만 Very Bad	불만 Bad	보통 Average	만족 Good	매우 만족 Very Good
1. 보안 및 안내 근무자의 인사성이나 친절도는? Professional appearance of Security guards and receptionists.	1	2	3	4	5
2. 주차원의 주차 안내에 대한 친절도는? General appearance of parking staff?	1	2	3	4	5
3. 화재 및 도난 등의 빌딩 보안관리 시스템에 대해서는 만족하십니까? Security system of building against fire and robbery.	1	2	3	4	5
4. 방문객 및 주차장을 사용하시는 분들이 불편하다는 불평은 없었습니까? Use of parking lot.	1	2	3	4	5

4. 사무 환경에 관한 설문 (Facilities)

	매우 불만 Very Bad	불만 Bad	보통 Average	만족 Good	매우 만족 Very Good
1. 사무실 온도/습도/환기 운영 상태가 적정하다고 생각하십니까? Temperature of your work area.	1	2	3	4	5
2. 정기적인 소독관리는 적정하다고 생각하십니까? The prevention of epidemics.	1	2	3	4	5

5. When your Lease is up for renewal, does your company plan to stay at this location?

계약만기 시 재계약 의향이 있으십니까?

(   ) Most likely will renew. 그렇습니다.

(   ) Most likely will not renew. 그렇지 않습니다.

(   ) Undecided. 잘 모르겠습니다.

Comments 기타 의견 :

빌딩 및 기타 의견을 자유롭게 기술해 주십시오. (Other Opinions)

시간을 할애하여 작성하여 주셔서 감사합니다.

Thank you for your time and input!

Tenant Information 임차인 일반 정보
Respondent Information 작성자 정보
Name 성명 :
Title 직위 :   Department 부서 :
Name of Company 회사명 :
Phone :   Email :

PART 6
임대차 계약해지 및
원상복구

1

계약해지 시
검토 사항

　임대차 계약이 종료되는 경우 아래의 그림과 같은 해지 시 검토 사항에
유의해야 한다.

1) 계약 해지 통보문 접수(최소 계약 만료 1개월 전 접수 또는 계약서에 명기된 기간
　 내에 발송)한다.

2) 임차인과 재계약에 대한 추가 임차 의사를 재타진한 후 잔류 가능성
　 을 확인하고 그렇지 않을 경우 계약 해지에 따른 종료를 준비한다.

3) 해지 일자는 원상 복구 일자 확인과 원상 복구 범위를 지정하여 초기
　 계약서 내용에 준하여 진행하도록 한다. 원상 복구 내용은 대부분 입
　 주 당시 또는 준공 당시로 표기되어 있으며, 계약서에 명기된 도면,
　 사진 등을 참고로 진행하면 된다.

4) 중도 해지 시 Penalty 적용 유무 판단(중도 해지일 경우는 계약서에 명기된 위
　 약금에 대한 정산이 필요하며, 위약별과 위약금에 대한 쌍방 합의가 있어야 한다. 무조
　 건 계약서에 명기된 대로 집행할 수 있겠으나 향후 조정의 내용이 발생할 수 있음.)

5) 미수 임대료 및 연체료 등과 미수금 정산 내역을 파악하여 보증금에서 비용을 정산한 후 반환할 수 있도록 한다. 이때 임차인에게 사전 통지(공문)로 쌍방 합의 내용을 받을 수 있도록 한다.

6) 채권 확보 내용에 대한 채권 제공 여부를 파악하여, 근저당권 또는 전세권, 질권 설정 등의 해지를 확인한 후 계약서에 명기된 보증금 반환 기일에 맞추어 비용을 반납하도록 한다.

7) 계약 해지 시 필요 서류로는 명도 이행 확약서, 원상 복구 확약서 및 승인 서류를 제출한다.

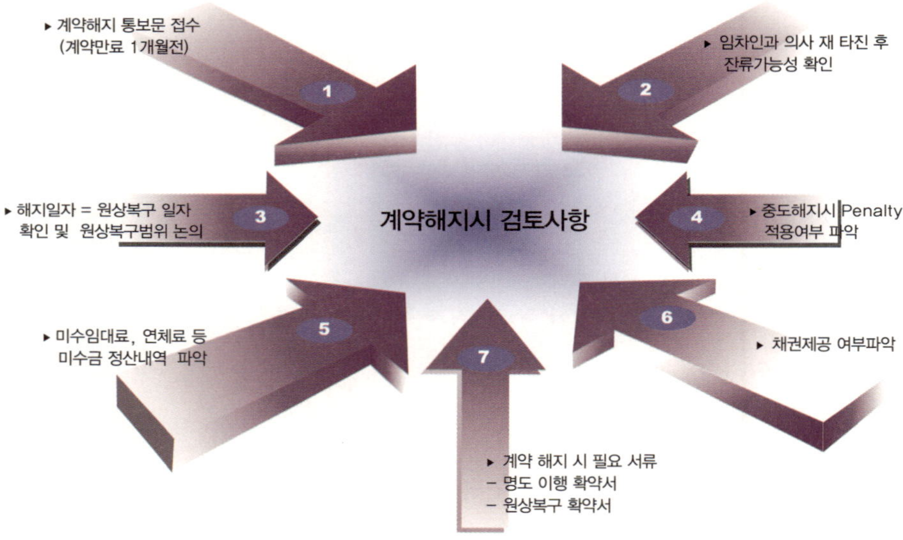

오피스 빌딩 임대자산관리 입문과 실무

2

명도 및
원상복구

　명도 및 원상 복구 단계에서는 원상 복구 신청서를 접수시킨 후 준공 도면에 준하여 공사하는 것을 원칙으로 한다. 입주 시 사진 촬영 및 도면 첨부 내용을 확인하고 진행하도록 하여 임대인과 임차인 사이에 마찰이 없도록 한다.

　공사 관련 도면 검토 및 보전, 공사 시 폐기물 처리에 관한 사항 확인(규격 봉투 사용으로 당일 방출, 건물의 천장 등을 매립, 눈속임하지 않도록 꼼꼼히 점검해야 함.), 원상복 구 공사는 일과 시간 업무와 일과 시간 이외의 시간 업무로 구분하여 진행한다. 예를 들어 소음, 분진, 냄새, 진동이 있는 작업은 근무 시간에는 일절 금하도록 하며, 타 입주사에게 피해를 주는 사례가 없도록 한다.

　해지 작업 및 시설 운영자(건축, 기계, 전기, 방재) 및 통신 담당자에게 원상 복구 여부를 확인받아야 하며, 임대인의 경우도 원상 복구 금액과 절차를 확인하는 견적을 따로 뽑아 두어 임차인의 원상 복구 비용과 절차에 하자가 없는지 살펴보아야 한다. 이에 모든 과정이 순조롭게 진행된 경우 '원상 복구 확인서'를 발부함으로 명도 및 원상 복구 의무를 종료하며, 계약서에 명기된 기일 이내에 보증금을 반환하도록 한다. 이때, 계약서를 정확히 확인하여 연체하는 일이 발생하지 않도록 주의하여야 한다. 원상 복구 의미가 미진할 경우 재공사를 요구할 수 있으며, 임차인은 임대인이 승인할 수 있을 정도로 공사를 진행해야 한다.

3

보증금
정산 및 반환

1) 계약 해지일까지 명도 및 원상 복구가 완료되었음에도 불구하고 임대 보증금 반환 지연에 따른 연체료가 발행하지 않도록 주의한다(원상 복구 확인서 수령 후 계약서에 준하여 진행함).

2) 임대 보증금 반환은 반드시 채권 보전 설정 해지 서류를 등기소에 접수하였는지 확인하도록 하며, 설정 계약서를 회수한 후 반환하도록 한다.

3) 명도이행확약서 및 원상복구확약서 등의 제반 계약사항을 확인한 후 쌍방 합의한(미정산금에 대한 집행) 보증금을 은행근무 시간 이내에 반환 처리하도록 한다.

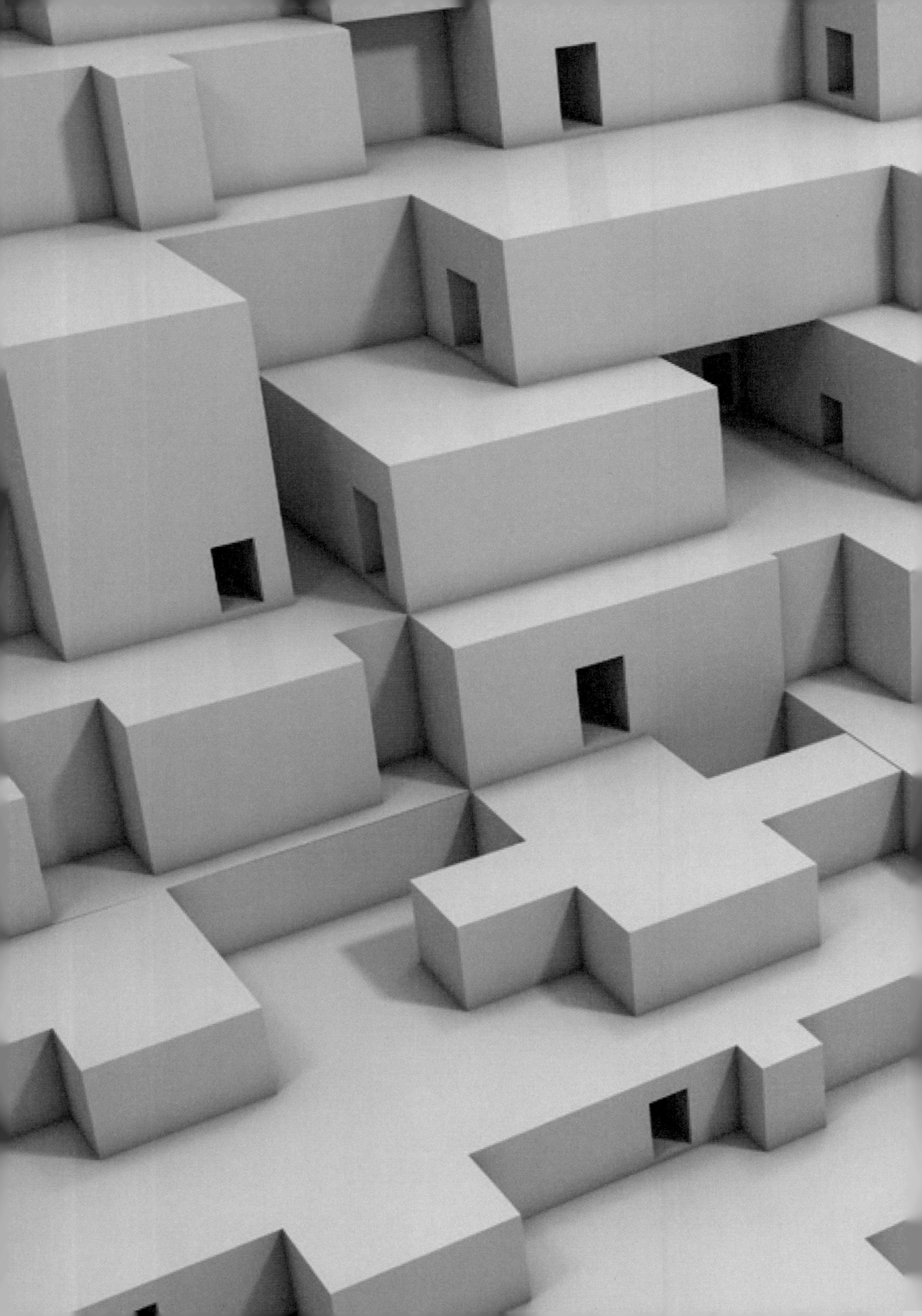

PART 7
임차관리의 이론과 실무

1

임차관리의
개념

임대인을 대신하는 서비스가 임대대행 서비스(Landlord Representative)로 명명하고 있으며, 임차인을 대신하는 서비스를 임차인 대행(Tenants Representative)으로 정의하고 있다. 임차인 대행의 경우는 국내 기업보다는 외국계 기업을 대상으로 하는 서비스가 마켓의 전반을 리드하고 있다.

임차대행의 경우는 정해진 예산(Budget)의 범위 내에서 규모와 위치 그리고 다양한 서비스와 임차인의 특성에 맞는 각종 Utility, 세무, 채권확보 등을 체크하고 결정하는 것이기 때문에 기타 다른 부동산 서비스에 비해 전문적인 경험과 지식을 수반한다고 할 수 있다. 최소의 비용으로 최적의 컨디션을 가지고 있는 대상물에 대한 의사결정을 도와야 하고 기간 또한 여유 있게 설정되지 않기 때문에 상당한 집중과 열정을 요구한다.

또한, 전문성과 경험이 부족한 개인, 단체, 법인(기업), 외국대사관, 법무법인, 회계법인 등 특수목적법인과 외국계 회사(국내 여건을 잘 알지 못하는 경우) 등의 총무, 경영기획 부서원과 의사결정권자들의 이해와 설명, 서비스 내용과 전문적인 선택의 내용(Tenants Check List)을 쉽고 간결하게 이해시킬 수 있어야 한다.

이러한 서비스는 외국계 회사의 한국 법인설립과 동시에 한국에 다양한 사무실 공간을 확보하고자 하는 요구에 의해 지속적으로 발전하였다. 임차대행사의 경우 주로 외국계 회사의 임차대행 업무를 진행하는 CBRE, JLL, C&W, Savills, Colliers 등의 외국계 임차대행 서비스 회사와 국내 임차대행 서비스 회사인 Genstar, ServeOne, S1, Mateplus, Hanwha63City, Kyobo Realco, Amco 주로 국내 대기업 생보사를 중심으로 한 계열사 형태를 띠고 있어 대기업 계열사로 업무를 진행하고 있다. 현대그룹의 임차대행 업무를 진행하는 Hyundai Amco, 삼성그룹의 임차대행 업무를 진행하고 있는 Genstar, S1과 LG그룹의 임차대행 업무 진행으로는 ServeOne 등이 있다.

이들 기업의 경우 모기업(Mother Company)의 다양한 Needs를 포함하여 내부 비밀에 대한 유지와 외부 Networks, 관련 업체의 정보망과 구축된 DB(Data-Base)를 활용함으로써 빠른 시간 내에 최소의 비용과 Risk Check를 통하여 최대의 효과를 얻는다.

2

임차담당 업무의
이해와 목표

1) 임차 업무의 이해

대부분의 임차 담당의 경우는 기업의 총무, 경영지원팀 등에서 담당하고 있다. 그러나 대부분의 담당자들의 경우 재무, 회계, 법무를 전공한 경우가 대부분이며, Engineer적인 경험과 건축과 부동산에 대한 이해가 부족한 경우가 많다.

이러한 이유로 외국계 전문 임차대행사를 활용하거나 국내 대기업의 경우 부동산 계열사를 활용하여 정보를 수집하고 업무를 대행하고 있다.

임차 담당 업무의 주요한 내용으로는 먼저, 기업의 이전 수요 예측과 발생이다. 최소 6개월 전에는 임차 의사가 확정되어야 하며, 1년 전부터 준비하는 것이 가장 이상적이라고 할 수 있다. 왜냐하면 이전할 오피스가 결정된다고 하더라도 현재 오피스 빌딩의 원상 복구 및 이사 등의 일정이 여유롭지 못하기 때문이다. 기업의 이전 수요 예측이 발생할 경우 이전 규모, 위치, 주요 요인, 임대료 및 각종 비용, 설비, 통신 및 기타 인프라구성, 채권확보 등 다양한 Check List를 작성하고 준비해야 한다. 먼저, 실사용자인 근무자들의 Needs를 정확하게 파악하여야 한다. 최근 이전하는 많은 기업이 이전 규모는 1인당 사용 면적을 기준으로 하고 있으며, 이전 대상 위치는 다양한 설문 조사를 통해 진행하는 경우도 있다. 1인당 전용 면적 기준은 대기업을 기준으로 인당 2.5~3평이 가장 많은 것으로 조사되었다.

2) 임차 업무의 목표

임차대행 업무의 주요 목적으로는 신속하고 정확한 정보 제공과 채권 확보의 금전적인 안정성 확보와 건물의 안전(관리 및 운영), 사무실 활용의 효율성을 필요로 한다. 대행 업무의 전문성을 필요로 하는 부분으로는 시장 환경 분석과 마켓의 각종 Incentive 적용 사례, 적정 오피스 빌딩의 List up 과 Shot List 형성에 대한 업무 지원 등이다. 임차 업무 기간의 최소화와 단축이 필요하며 비용 절감, 채권 확보의 위험성 제고, 건물실사와 임차 계약에 대한 임차 의향 접수 여부(LOI-Letter of Intent), 빌딩의 컨디션과 임차 조건 파악을 위한 RFP(Request For Proposal) 제출 여부 등을 파악하여야 대상 건물을 선정하여 임차인의 이해를 돕기 위한 자료를 제공한다.

이렇게 제공된 정보는 실무 담당 팀장과 임원급 보고를 통해 1차, 2차로 구분 진행하며, 최종 CEO 보고의 경우도 전문 Agnet의 담당 임원이 진행하도록 한다. 가급적 현장의 정보를 정확하게 구현할 수 있도록 프레젠테이션(Presentation)하여야 하며, 비전문가가 들어도 쉽게 이해할 수 있도록 사례와 현장 설명을 간결하고 명확하게 전달하여야 한다. 과거에는 기업을 대표하는 CEO의 단독 결정이 많았으나 최근 경영 책임자의 경우는 단독적인 의사결정을 미루거나 사업부별로 의견을 수렴하여 최종 의사결정을 하고 있다. 이러한 이유로는 전문 경영인의 사업 참여와 실제 사용하는 스텝(Staff)들의 의견이 존중되는 경우로 나타나고 있다. 과거 임차 선택의 가장 주요한 변수로 작용한 위치(Location)가 각종 빌딩의 Amenity와 서비스로 다양한 Needs로 변화되고 있음도 주요한 요인이다.

이러한 업무 목표를 통해 최적의 임차 대상 빌딩에 대한 조기 확보가 가능하고 각종 Risk Check와 부실채권에 대한 방지, 임차 비용에 대한 절감(각종 Incentive 협의), 전문가의 경험을 통한 비용 절감과 진행 업무 시간의 축소를 통해 임차인 본인의 업무를 부담 없이 진행할 수 있다. 회사 사옥의 이전의 목표는 이러한 다양한 경험을 대신 경험함으로써 발생될 수 있는 시간적, 공간적 비용 절감에도 그 중요성이 나타나고 있다.

3

임차관리 내용 및
업무 수행
프로세스

임차관리 및 임차인 대행 업무 내용을 살펴보면, 아래의 단계별로 진행된다.

① 사무실 이전 기획 단계

이전에 필요성 및 목적을 확인하고 오피스 전문가와 컨설팅 업무 제휴 및 업무대행 계약을 진행한다. 이때, 전문 기업을 최소 5개 이상 선정하여 입찰 및 제출된 Proposal과 경험자들의 PT를 통해 과거 진행했던 경험을 검증하고 기업의 실적(Track Record)을 확인한다. 이때 주의해야 할 것은 회사의 실적뿐만 아니라 해당 업무 담당자의 경험과 적극성과 열정 그리고 신뢰를 바탕으로 진행한다. 최종 2개 업체를 Shot List 발표하고 이들 두 개 업체의 최종 제출된 Proposal을 바탕으로 대행 업무 용역을 체결하면 된다.

이렇게 선정된 대행업체를 통해 이전 대상 빌딩의 필요조건을 분석하고 업무 진행 방법을 도출하며, 전문가의 이전 타당성 분석과 진행 과정을 리포트를 통해 지속적으로 보고 받는다. 일주일에 2회 이상 미팅을 진행하며, 계약 시점이 다가올 경우 하루에도 몇 번씩 보고와 미팅이 발생되기도 한다. 이전 기획의 마지막 단계로 구체적인 전략과 액션 플랜(Action Plan)을 확정하여 임대인과의 협상 카드로 활용한다.

② 이전 빌딩 검토

이전 가능 빌딩을 1차 List up하여 보고한다. 1차 작성된 빌딩 List는 지역별로 다양하게 보고되어야 한다. 대상 지역이 서울 전역인 경우도 있고 그렇지 않다고 하더라도 1차 보고에는 CBD, GBD, YBD의 주요 오피스 빌딩에 대한 조건과 시장 상황이 명확하게 보고되어야 한다. 또한, 기타 지역인 상암, 판교, 분당, 송도, 일산, 구로, 가산 등까지도 1차 보고의 시장 상황 설명에는 포함되어야 한다. 해당 기업의 Needs가 이러한 기타 지역에는 관심이 없다고 뺄 경우를 제외하더라도 비용 절감이 우선하는 기업의 경우라면 기타 지역에 대해서도 자세한 시장 정보를 제공하여야 한다.

2차 가능 빌딩 List를 작성한다. 이때는 1차에서 탈락한 빌딩을 제외하고 좀 더 구체적인 임차인의 Needs가 반영된 빌딩이 대상으로 포함된다. 설비, 대중교통의 접근성, 임대료와 다른 임차인 구성, 소유주의 안정성 등도 검토되어야 한다. 2차 대상 빌딩의 각종 Check List에 대한 가능성 검토와 물리적 실사도 함께 공유되어야 한다.

이때, 중요한 건축적인 점검 사항으로는 첫째, 전기설비(전기용량, 층별 사용가능용량, 건물 전체용량, UPS(Uninterrupted Power Supply) 사용 여부와 할당용량,

사용 유무, 24시간 1개 층 공급가능전력, 비상전력량, 비상전력가동방식, 추가전력설치가능 여부 및 용량, 비상 전력이 서비스 되는 시간 등을 체크하여야 한다. 둘째, 냉난방 설비로 정규 냉난방 운영 시간, 층별 제어 가능 유무, 별도 에어컨 설치 유무, 평균 냉방 온도 및 난방 온도, 항온·항습기 사용 유무(건물측 냉각수 공급 가능성 및 공급량), 비정규 시간의 냉난방 요금 체계 등을 확인한다. 셋째, 통신 서비스로 일반전화회선(SK, KT, LG 등의 회선 인입 가능 유무), 자동식 구내 교환기 유무, 디지털·아날로그의 사용 유무, OA Floor 설치 유무와 깊이, 인터넷 설치(통신망 Grade) 등이 있다. 넷째, 소방 설비, 기계 설비, 이동 설비(엘리베이터 등), 조명, 출입, 보안, 공조, 창문 유무, 안전, 창고, 주차 관련, 내부 마감 등의 내용도 사전에 미리 파악해야 한다.

③ 임대료 및 계약 조건 협상

임대인과의 협상이 시작되는 단계이다. 최소 2~3개 빌딩으로 압축된 상황에서 임대인에게 임차 의향(LOI)을 통보하고 구체적인 협상을 진행해 보겠다는 의지이다. 임대인들은 자신들이 빌딩에 입주를 원할 경우 다양한 Incentive를 제시하는데, 끝까지 조건에 대한 의견을 이야기하지 않는 경우도 있다. 이러한 이유는 협상 카드로 활용되는 것을 막고 최종 결정될 경우에 조건을 제시하기 위함이다. 임차인 대행 업무 담당자의 경우 이러한 협상에 경험이 풍부한 건물주를 대상으로 다양한 협상 스킬을 발휘할 수 있어야 한다. Shot List로 확인된 빌딩의 임차조건(임대료, Rent-Free, 각종 서비스 제공_주차, 지정 주차, 근무 시간, 구내식당 등 각종 빌딩 인프라)을 받아 최종 정리한 내용을 임차인에게 제시한다. 이때 가장 중요한 부분이 이제부터는 "이전 비용" 분석이다. 이전 비용 분석 및 비교에는 임대료, 이전 대상 빌딩의 인테리어, 기존 빌딩의 원상 복구 비용, 이사 비용, 각종 인프라 설

　　　　　오피스 빌딩 임대자산관리 입문과 실무

치 비용(전기, 통신), 기타 시설(구내식당, 기사 휴게실, 직원 복리후생실 등)도 면밀히 확인한다.

임차인의 경영진이 현장을 방문할 경우에는 임대인 측도 경영진의 의전과 준비 그리고 빌딩에 대한 전반적인 설명을 직접 진행해 줄 필요가 있다. 최근 신축 빌딩의 많은 공급으로 입주 경쟁이 치열한 상황이기 때문에 임차인에 대한 예의와 서비스에 대한 효과도 크게 나타난다.

최종 빌딩이 도출된 이후에는 임대인과 매일 미팅이 일어난다. 임차인 측과 밀고 당기는 협상이 이제부터 본격적으로 이루어진다. 임대인 대행 담당자와 임차인 대행 담당자 모두가 전문가이기 때문에 이러한 협상은 쉽게 정리되어지지 않는다. 또한, 임차인 대행자의 업무 보고를 임차인이 쉽게 Agree할 수 없기 때문이기도 한다. 이때 중요한 것은 최종협상 금액과 날인 이후 조건에 대한 정보가 시장에 노출될 가능성이 높기 때문에 주변에 기 계약된 사례를 중심으로 현재의 조건이 최상인가를 파악하여야 한다. 이렇게 진행한 협상내용을 가지고 최종 협상 List를 본 계약서 외에 추가로 구비할 필요가 있다. 임대차계약승인서 형식을 띄고 있는 Approval Form을 가지고 임대인 측과 임차인의 조건을 최종 기입하고, 최종 결정을 위한 Final PT를 진행한다.

④ 계약 이행

표준 계약서와 건물의 기준층 평면도(CAD)를 받아 최종 선택된 빌딩의 Layout과 법률적 부분을 검토한다. 물론, 5개 이상의 대상 빌딩 모두에 대해 사전 Sample Layout을 미리 검토하기도 한다. 다만, 이러한 경우 비용이 발생할 수 있기 때문에 최종 2~3개 빌딩으로 압축된 경우에 도면을 그려 사무실 배치를 확인한다. 계약 이행 단계에서 주의할 것은 계약서 협의가 짧은 기간에 완료되지 않는 다는 점을 미리 예측하여 충분한 시간을 가지고 임대인과 법무팀의 일정을 잡아야 한다는 것이다. 국내 회사의 경우도 1~2개월의 시간이 소요되기도 하며, 외국계 회사의 경우는 6개월 이상이 걸리는 경우도 있다. 이러한 표준 계약서는 파일 형태로 오고 가는 데, 이때 주의할 점은 E-Mail을 통해 전달되는 경우 변경 및 수정 요청된 내용이 너무 많이 반영되기 때문에 날인본을 꼼꼼히 체크하지 않는다면 계약서에 상호 반영할 의견이 삭제되거나 누락 또는 명기될 수 있다.

계약서 날인의 경우는 반드시 해당 부서장이 참석하는 것이 좋으며, 이러한 이유로는 계약 날인 시점에도 내용이 변경되거나 조건이 달라질 수 있기 때문이다. 가장 중요한 순간이며, 고도의 집중과 Know-How가 요구되는 시점이기도 하다. 이렇게 날인된 경우라도 계약금 및 잔금 입금 그리고 인테리어 협상 등 후속 업무가 추가적으로 진행되므로 해당 부서장은 꾸준한 집중을 통해 임대차 계약에 오류가 발생하지 않도록 해야 한다. 이 모두가 법률적 행위이기 때문이다.

계약 날인 이후 인테리어 업체 선정과 PM(Project Management) 업체 선정이 있다. 국내 회사의 경우는 PM 업체는 사용하지 않고 단순 인테리어 업체 선정만을 진행하는 데, 외국인 회사의 경우는 대부분 인테리어 PM 업체를 활용한다. 이러한 이유로는 인테리어에 대한 전문 지식이 없기 때문에 전문 PM사를 통해 인테리어가 제대로 제시간에 시공되는지를 매일 체크하기 위해서다. 인테리어가 완료되지 못하거나 날림으로 시공될 경우 이전한 후 후속 작업과 조치로 근무 환경에 어려움을 초래할 수 있기 때문이다.

인테리어 공사는 해당 빌딩의 임대인의 협조를 구해야 하는 만큼, 소방, 전기, 방재, 통신 등 건물의 주요한 부분에 대한 이해와 경험이 많은 업체를 활용하는 편이 좋으며, 해당 빌딩의 유 경험 회사면 더욱 편리할 것이다. 다만, 임대인의 경험과 배려를 한 번쯤 체크해 보아야 한다.

⑤ 실질 입주

인테리어 공사가 완료되고 계약서에 명기된 보증금의 잔금 지급이 완료 (인테리어 공사 전 100%된 완납)된 이후 입주가 가능하다. 입주 일정은 가급적 금요일을 포함한 주말을 이용하여 이사를 실시한다. 기존의 입주 업체에게 최대한 불편함을 없게 하기 위함이다. 다만, 대형 면적의 이전일 경우는 이전 대상 빌딩의 기존 임차인들에게 양해 공문을 발송하고 평일에 이전하는 경우도 있다. 이때 주의할 점은 임대인의 승인을 득한 화물 엘리베이터 단독사용 및 사용 시간 승인 등을 미리 받아야 한다는 것이다.

이렇게 실질 입주를 완료한 이후에도 총무 부서에는 크고 작은 불만에 대한 접수를 지속적으로 받아 임대인에게 요구할 수 있어야 하며, 건물관리 규정 및 운영 지침도 제차 확인하고 날인하여야 한다. 실제로 처음 사용하는 건물은 모든 것이 불편할 수 있으므로 임차인 대행 서비스 회사는 수시로 임차인의 불편 사항을 체크하고 현장에서 직접 도움을 줄 수 있어야 한다.

4

임차대행
업무
Proposal

1) 회사 소개

회사 소개는 회사의 규모와 역사 본 업무와의 관계성과 주요 Staff들의 실적과 경험 등을 보고한다. 대부분의 외국계 임차인 대행서비스(Tenants Representative Service) 회사의 경우 100년 이상된 경험과 Know-How를 장점으로 부각시키고 있으며, 전 세계 다양한 서비스경험과 Networks을 표출한다. 대기업 계열사의 경우도 다양한 서비스와 규모 있는 업무 경험으로 국내 업체로서의 신뢰를 제시한다.

회사 소개에는 국내, 국외 기업의 다양한 임차인 대행 서비스 경험을 주로 서술하고 제안한다.

2) 오피스시장 동향

오피스 시장 동향은 현재의 이전 대상 임차기업에게 시장 상황을 명확하게 전문가의 스킬로 표현해야 하며, 이전의 당위성과 이전 시 주요 대상 지역의 특성을 사전에 미리 설명하는 기회로 삼는 것이다. 이때, 비전문가인 경영자들에게 명확하고 신속한 정보를 제공하여야 한다.

기존의 전문가 집단에서 활용하던 자료와 관련 저널에서 발표하듯 제안한다면, 임차인에게는 높은 점수를 부여받기 어려울 것이다.

주로 도심, 강남, 여의도를 중심으로 오피스 임대가와 공실률 그리고 주요 임차인 이전사례와 이전사유, 조건 등을 제시하며, 기타 지역(판교, 상암, 구로, 가산 등)에 대한 시장 분석도 함께 제안하여 이해를 돕도록 해야 한다. 또한, 본 임차대행업체의 경험과 Know-How를 통해 진행된 사례의 경험을 PT 자료와 스피치(Speech) 중에 발표하면 효과적인 Feedback을 받을 수 있다.

3) 프로젝트 수행 전략

해당 임차기업의 이전에 대한 Needs를 정확하게 파악하고 임차대행 회사의 전략을 제안한다. 임차대행 회사의 제안 내용에는 첫째, 요구 사항 분석으로 전략적인 측면과 물리적인 측면으로 제시한다. 둘째, 전략 방안 제시에는 현 시장 분석, 이전 업무 수행의 경험과 예측보고, 유사 사례 분석과 최적 수행안 도출 그리고 임직원의 내부의견 수렴을 통한 방영안을 제시한다. 셋째, 적정 후보지 제안 및 검증 단계이다. 수립된 전략을 바탕으로 경쟁시장에 유동적 대처 방안을 제시하고 재무 및 이전 비용 분석을 통해 최적의 후보지를 발굴해 낸다. 마지(직)막으로 죄종 제안된 후보지에 대한 임직원 출퇴근 동선 및 시간분석, 재무분석, 사무실 Layout 구성, 효과적인(안) 제시, 계약서에 대한 경험적·법률적 지식을 공유하여 안정된 임대차 계약을 마무리 한다.

위의 내용을 좀 더 구체적으로 살펴보면, 임차인의 요구 사항 분석에는 임대면적, 위치, 비용, 기간, 빌딩 시설 및 설비 등의 내용 점검 보고가 필요하다. 적정 면적 산출을 위한 여러 기업의 면적 산출과 상주인원, 유동인구 그리고 내방객에 대한 정보도 필요하다. 사무실의 위치는 임직원의 주요 거주지 현황을 파악하고 가장 선호하는 대중교통과 지하철 노선 그리고 비즈니스 환경 및 고객 내방 편리성 등을 고려하여야 한다. 비용으로는 이전에서 퇴거에 이르기까지의 전 비용을 분석 검토하며 소모성 지출액과 고정 지출액에 대해서 세밀한 분석 보고를 진행한다. 기간으로는 사용기간에 대한 설명과 이유, 해당 기간에 따른 임대인의 인센티브제공 내용파악 등이 있어야 한다. 임대기간에 따른 Rent-Free 등의 조건이 달라지거나 추가 제공될 서비스내용이 축소될 수도 있기 때문이다. 빌딩 시설에는 사옥 수준에 부합하는 지원시설과 환경제공이 가능한지 여부를 파악하며, 각종 서비스 룸과 회의실, 셔틀버스 유무, 양호실, 각종 업무지원 시설(구내식당, 여성 휴게실, 외부협력업체 대기실, 공용회의실, 강당)에 대한 파악이 필요하다.

4) 스페셜 프로그램(Special Program)

왜, 우리가 이러한 서비스에 적합한 회사인지를 피력하는 부분이다. 과거의 대형 임차대행 서비스 현황과 사례 그리고 비용 절감과 임차인 만족 내용(신사옥 이전에 따른 임직원 만족 부분)을 삽입한다. 주요항목으로는 임차사, 기존빌딩과 이전빌딩, 이전 시 우수사례, 비용절감, 이전시기, 이전 사유에 대한 코멘트 등이 정리된다.

본 과업을 수행한 Professional Staff을 소개한다. 수행인력에 대한 장점을 부각시키며, 수행인력의 경험과 시장의 평가 그리고 경력 등을 소개한다. 각종 저널과 외부전문가 영역을 서술하며, 본 과업의 적절성을 피력한다.

또한, 지원부서의 협업을 통한 업무지원에 대한 부분을 제시한다. 임차인 대행서비스 외에 인테리어 PM Service와 Global Networks를 통한 정보공유, 임대인 대행서비스 팀의 유기적인 협조와 정확한 정보제공 및 다양한 물건 소개가 가능하다는 장점을 부각시킨다.

후보 대상 물건에 대한 다양한 정보와 1차적인 빌딩의 장·단점을 제시하여 구체적으로 업무 진행이 될 경우 귀사에 정확하고 명료한 정보가 제공될 것이라는 긍정적인 희망을 줄 수 있도록 한다.

마지막으로 재무적 분석, 물리적 분석, 사회적 분석(기업이미지 및 이전 시 플러스요인 도출), 공간적분석 등을 제시하여 임차인의 기대수준을 끌어올린다.

5) 후보 물건 임차 제안

시장 분석을 통한 마켓 설명을 진행한 이후 서울의 주요 오피스 타운을 중심으로 후보 물건에 대한 1차적인 제안을 진행한다. 해당 빌딩의 입주 사례와 입주조건 등의 내용을 통해 향후 이전 시 발생한 부분에 대한 예측과 기대를 동시에 경험할 수 있게 한다.

전문가적인 영역이 필요하다는 내용에 대한 언급과 각종 Check List를 전문가적인 용어 선택과 스킬로 임차인의 기대와 안심을 끌어낼 수 있는 리포트와 PT를 진행한다.

후보 물건의 임차제안은 너무 구체적이지 않도록 하며, 1차적인 제안 내용으로 이미 마켓에 공유된 내용만을 발표하도록 한다.

6) 수수료(Agent Service Fee)

기업의 오랫동안 정의된 수수료를 제시하며, 통상적으로는 1개월에 해당하는 월차임을 수수료로 제안한다. 다만, 동일한 회사가 임대인대행과 임차인 대행을 모두 진행할 경우는 월차임의 50%를 수수료로 지급받는 것이 일반적이다.

다만, 임대 물건이 많은 경우는 임차인 시장으로 진행될 가능성이 높기 때문에 국내 기업의 경우 수수료를 전혀 받지 않고 임차대행 서비스를 진행하겠다고 제안하는 경우도 있다.

7) 업무 실적(Track Record)

최근 3년 이내의 사옥 이전 성공 사례를 바탕으로 제안하며, 서울 지역에 대형 임차인을 중심으로 보고한다. 다국적 기업이나 국내 대기업 그리고 일정 규모 이상 되는 우량 기업의 이전 경험을 제시하여 임차인에게 안정감을 줄 수 있도록 하는 것이 중요하다.

또한, 최근 성공 사례 임차 기업을 대상으로 이전 완료한 빌딩의 현장답사와 담당자 미팅을 통해 검증된 서비스 영역을 경험시켜 주는 것도 좋은 제안이 될 것이다.

Global 기업의 이전은 마켓에 큰 영향을 주고, 일반적으로 많은 사람들이 알고 있으므로 이러한 실적을 가지고 있을 경우 임차인 대행업무 수주에 긍정적인 요인으로 작용할 가능성이 높다.

PART 8
고객마케팅
기법과 전략 이해

고객접근 및 관심유발

대부분의 고객은 본인의 관심 분야가 아닐 경우에는 집중하지 않는 경향이 있다. 우리는 이러한 무관심한 고객을 관심 고객으로 변화시키는 일에 그 중심을 두고자 한다. 상업용 부동산에 대한 고객들의 주요 관심사는 무엇일까? 특별히 요즘처럼 임차인을 구하기 어려운 상황 속에서 어떻게 하면 우리 빌딩과 내가 관리하는 빌딩에 관심을 유발시킬 수 있을까? 그 질문에 대한 해답을 이제 하나씩 풀어가 보도록 하자.

고객의 주요 관심사는 무엇일까?

1) 자기가 필요한 분야가 아니면 곧 망각한다. 일반적인 이야기로 고객이 관심을 가질 것이라는 착각에서 빨리 벗어나야 한다. 그리고 고객의 눈빛과 반응 속에서 빠른 인지(Catch)가 있어야 한다. 예를 들어 공

실이 많고 임차인이 없는 상황 속에서 임차인에게 자기네 건물도 관심을 가져 달라는 식의 구걸하듯 하는 접근보다는 당신네 회사의 현재 임대료 수준과 주변 시장 상황 그리고 더 나아가서는 동일 업종의 임대료와 주요 임차 빌딩의 현황과 시장 상황을 이야기해 주는 편이 훨씬 더 큰 관심을 유발시킬 수 있을 것이다. 이러한 설명 이후에 이 사람이 내 얘길 듣고 있는 것인지, 관심 밖인지, 아닌지를 다시금 파악해서 Feedback을 받을 수 있도록 중요한 핵심은 살짝 감추었다는 느낌을 줘야 한다.

2) 당면 문제와 관련된 '경험적 지식'을 원한다. 고객 자신의 경험보다는 타인의 성공적인 경험적 지식을 "거저먹으려 한다."고 생각하면 맞을 것이다. 대부분의 '갑'에 해당하는 대기업의 담당 직원들의 경우 본인의 과제와 업무를 전문 컨설팅 업체의 임원 및 다양한 경험자를 통해 서머리(Summary)된 핵심과외를 받으려고 애를 쓴다. 인맥과 갖은 Network을 이용해서 경험자의 어려운 Know-How를 쉽게 빼앗아 간다. 이러한 반응과 학습이 바로 고객의 습성이라고 이해하면 된다. 많은 고객들이 많은 시간과 에너지를 통해 과거의 수많은 경험과 학습을 받으려고 하지 않으며, 그러한 시간도 투자하기 어렵다. 결국은 나의 고생스럽고 어려웠던 그러나 성공적인 경험적 지식을 산 채로 그냥 얻으려 함을 반드시 인지해야 할 것이다.

3) 현실 적용이 가능한 '정확한 정보'를 원한다. 국내 회사도 그렇겠지만 정확한 정보에 대한 욕구는 외국계 회사들이 좀 더 구체적이라고 이야기할 수 있다. 정확하고 꼼꼼한 데이터와 디테일한 자료는 외국계 회사의 신뢰도를 쉽게 얻을 수 있다. 또한, 경험적 지식을 말로만 이야

기할 것이 아니라 경험한 다양한 빌딩과 임차인 사례를 지적하며, 설득력 있는 프레젠테이션을 진행할 수 있다면 정보의 욕구에 대한 호기심으로 나에게 충성 고객이 될 가능성을 높일 수 있다. 그리고 고객의 경우 과거의 경험과 과거의 사이클도 중요하지만 미래지향적인 예측과 논리적인 설명을 요구하기도 한다. 보통 상업용 부동산을 업무로 진행하는 전문가들의 경우 두 계절을 앞서서 살아간다는 말을 한다. 고객에게 "앞으로 다가올 3/4분기와 4/4분기 또는 내년의 시장이 어떻게 될 것이고, 그러한 이유와 논리는 이렇게 설명할 수 있다."라는 나만의 주관과 설득력 있는 배경이 중요하다. 여기서 설득력 있는 배경이란 내가 "000 전문가, 000 교수, 000 자문위원" 등의 위치에 있다면 더더욱 좋을 것이다.

4) 자신의 경험과 관련이 적은 사항은 관심 및 학습 속도가 느리다. 대부분 기업의 총무팀에서 사무실 이전과 같은 경험을 빈번하게 경험한 사람은 그다지 많지 않을 것이다. 또한, 사옥 개발과 매입 또는 관리와 처분을 경험한 사람은 더더욱 적을 것이다. 상당수 기업의 총무 및 경영지원팀의 경우 회계와 총무 업무로 다양한 경험적 지식과 학습을 가지고 있을 것이다. 그러나 상업용 부동산의 시장 상황과 그에 맞는 서비스는 경험한 적이 별로 없기 때문에 관심과 빠른 학습 속도를 기대하는 것은 조금 어려울 수 있다. 다만, 시장이 많이 오픈되어졌고, IMF 이후에 다국적 컨설팅 기업의 등장으로 다양한 학습이 이루어졌음은 시장이 성숙되어 가고 있음을 증명하기에 충분하다. "부동산은 낮보다는 밤에 더 많이 이루어진다."라는 속설이 있는 것은 Under The Table을 뜻하는 것이 아니라 근무 시간인 낮 시간에 다 학습하기 어려운 부분을 저녁 식사 및 회식 자리를 통해 친밀감을 갖고 시장을 좀 더

가깝게 느낄 수 있다는 의미로 해석되어진다.

5) 자신의 기대치에 부합하지 않는 경우에는 잘 듣지 않는다. 예를 들어 국내 대기업의 계열사를 통해 상업용 부동산 시장에 대한 설명을 듣는다고 해 보자. 마치, 내가 어느 정도 공부를 하는데 서울대 대학생의 과외를 받아보곤, '이거 서울대생 맞아?'라는 느낌을 줘서는 안 될 것이다. 사실, 부동산 시장의 커다란 오해와 실수는 3년 이내의 경험을 통해 본인이 굉장한 지식과 경험을 한 것으로 착각하고 외부에 떠들고 다닌다는 것이다. 우리는 고객의 기대치를 확인할 필요가 있다. 고객의 눈높이와 고객의 학습 정도를 따지지 않고 '이 정도는 알 것이다.'라는 내 자의적 잣대를 들이대는 것은 고객을 잃을뿐더러 내부 관계도 어려워질 수 있다. 기대치는 나의 경험이 겸손으로 다가갈 때 그 가치를 보여 줄 수 있다.

6) 육체적, 정신적으로 안정된 경우에 가장 집중도가 높다. 채근담에 이런 이야기가 나온다. 내가 필요할 때 "언제나 나의 상대방이 나와 같이 평온한 호수 같은 마음일 것이라고 기대하지 마라"라는 고사가 있다. 중요한 것은 내가 준비되는 것은 당연한 것이고 상대방의 시간과 스케줄 그리고 그 사람의 정신적, 육체적 상태가 언제 가장 평안한지를 파악하고 접근해야 한다는 것이다. 그리고 그 사람의 여유가 파악되었다면, 그 여유분의 시간을 충분히 사용할 수 있도록 철저한 준비가 필요할 것이다. 직급이 부장이고 이사가 중요한 것이 아니라 얼마나 많은 소중한 정보의 보따리를 풀어낼 준비가 되어 있느냐에 성공 여부가 달려 있다.

7) 민방위 교육과 같은 세미나는 불필요하다. 대학과 기업의 강당과 학습장은 대부분 영화관처럼 강사에게 집중되어 있는 배치를 가지고 있다. 이러한 배치는 수강자가 능동적이 아닌 수동적인 자세로 수업을 듣게 하는 원인을 제공하고 있다. 대학원의 세미나 수업을 나는 좋아한다. 미국과 유럽 등 선진국에서 유학을 해 본 사람이라면 세미나식 수업이 강의식ㆍ주입식 교육과 얼마나 큰 차이를 가지고 있는지 잘 알 것이다. 외국계 회사에서 경험한 본인의 경험으로는 대학원 이후에 싱가폴이나 홍콩 등지에서 주입식 강의는 짧게 하고 토론과 움직임, 퀴즈 프로그램식, 발표와 나눔, 조별 스터디 등의 다양한 학습을 경험하게 하여 수업 내용을 피수강자가 충분히 자기 것으로 만들 수 있게 한다. 우리나라의 경우 이러한 민방위식 교육이 너무나 일상적이어서 기업의 담당자를 만나는 데도 민방위 교육과 같은 미팅과 만남을 지속하고 있다. 일단은 테이블을 박차고 일어나라. 고객을 사무실이 아닌 커피숍이나 야외 옥상 그리고 건물 밖으로 모셔 와서 민방위가 아닌 살아 있는 유격 훈련의 모습으로 마케터를 통해 연출해 보여야 할 것이다.

8) '어디 한번 해봐.'라는 식의 고객…… '난 많이 알고 있고, 경험도 많다.'라는 고객이다. 이러한 고객에게는 내가 이야기하는 것보다는 상대방의 의중을 파악하는 것이 제일 중요하다. 상대방의 입을 열게 하는 것이 나의 몫이고, 그러한 역할과 노력에도 상대방의 눈빛에 흐트러짐이 없다면…… 더 많은 시간을 투자하고 삶을 나눌 수 있는 나의 전문성을 그가 눈치채도록 해야 한다. 예를 들어 내가 쓴 기사가 있는 저널을 놓고 온다든가? '외부에 어떤 강의를 맡고 진행하는데…… 학생들의 재미난 표현과 유머들이 있었다.'라는 식으로 나를 살짝 자

랑하는 것도 좋은 효과를 가질 수 있다. '너도 잘났지만, 나 또한 너보다 못하지 않다.'라는 정면 돌파식 마케팅이라고 볼 수 있다.

9) 자신의 경험을 표현하고, 참여하고 싶어 한다. 한두 번의 작은 경험일지라도 고객의 경험을 충분히 존중해 줄 필요가 있다. 예를 들어 "그런 경우가 있으셨군요."하며 맞장구를 잘 쳐 줘야 고객의 다양한 요구(Needs)를 손쉽게 찾아낼 수가 있는 것이다. 고객을 자랑하게 하고 기업을 자랑하고 그러면서 다양한 실수와 유머 그리고 고객을 수다맨으로 만들수록 나는 편하게 마케팅할 수 있다. 결국은 나와 고객이 한 배를 타고 있다는 의지를 심어 주어야 하며 '내가 당신보다 조금 더 알고 있다' 정도로 나를 낮추어야 한다.

10) 자기 나름대로의 기준을 가지고 있다. 고객의 경우 나를 불렀거나 내가 찾아갔거나 중요한 것은 나를 통해 자신의 경험과 나의 가치를 빨리 점수로 매겨 놓고 싶은 것이 그들의 심리이다. '학벌이 좋다라든가? 해외유학파라든가? 집안이 어떻다든가? 집이 어디다.'라는 등의 몇 가지 유형만으로도 고객은 나를 빨리 평가하고 싶어 한다. 왜냐하면 우리가 만나는 고객은 이미 대기업 00부서 부장, 차장, 임원 등이고 그들을 우리는 평가할 필요가 없지만 그들의 업무를 우리가 대신해야 하기 때문에 그들은 우리가 너무도 궁금하고 우리에 대해 더 알려고 한다는 것이다. 이때 우리는 그 고객의 잣대가 어느 정도 인지를 알아내야 할 것이고 순수하게 대응할 것인지 하룻밤을 묵힐 것인지는 경험으로 판단하여야 할 것이다.

11) 상업용 부동산 시장 및 실제 환경과 변화를 밀접하게 원한다. 내가

   오피스 빌딩 임대자산관리 입문과 실무

만나는 고객이 상업용 부동산을 알기 원한다는 가정 하에 만나게 되지만, 결국은 도시형 생활 주택부터 공장, 창고, 호텔까지 다양한 정보를 나누고 공유하길 원한다. 대부분의 경우 신문과 매스컴을 통해 접한 경험들이므로, 우리는 시장의 Leader들인 AMC와 투자회사들의 간접 경험을 이야기해 줌으로서 그들의 관심을 유발할 수 있다. 상업용 부동산 시장의 월간, 분기별 리포트를 통해 다양한 정보를 이미 습득한 고객의 경우는 일반적인 이야기는 귀에 들어오지 않는다. 그들에게는 올 하반기가 더 궁금하고 내년이 궁금할 것이다. 고객이 그들의 상부자 및 관리자에게 뭔가 새로운 이슈와 분위기를 전달할 것을 한두 개는 꺼내 주고 와야 한다. 다만, 너무 많은 것을 한꺼번에 꺼내줄 경우 다음에 내가 준비할 내용이 너무 구체적이 되기 때문에 높낮이를 구별하여 설명할 필요가 있다.

12) "왜? 무엇 때문에"보다는 "어떻게?"라는 것에 더 관심이 있다. 기업의 이전이나 사옥 매입 등의 정보는 신문과 시장 리포트를 통해 쉽게 얻을 수 있다. 그러나 그 과정이나 과정의 협상 및 조건 등에 대해서는 고객이 너무도 궁금해 하는 부분일 것이다. 우리는 그 '어떻게'라는 Khow-How를 통해 그들과의 대화를 이어가야 하는 것이다. 시장을 무조건 어렵게만 이야기할 것인가? 아니면 어떤 돌파구가 있다고 이야기할 것인가? 어떤 돌파구를 이야기할 때는 나만의 전략(신문이나 매스컴에 발표된 것이 아닌)을 시원스럽게 이야기해 주어 나를 더욱 신뢰하도록 해야 한다.

2

고객미팅
전략

  고객미팅 전략은 Needs, Fun, Easy, Outcome을 통한 Sympathy로 정의할 수 있다. 올해 박근혜 대통령께서 중국을 국빈으로 방문할 때, 각종 연설 자리에서 중국을 많이 알고 있다는 뉘앙스를 통해 좋은 평가를 받은 적이 있다. 이렇듯 고객을 만나는 데 가장 기본적이면서 중요한 포인트가 바로 상대방에 대한 이해와 배려 그리고 문화와 Identity이다.

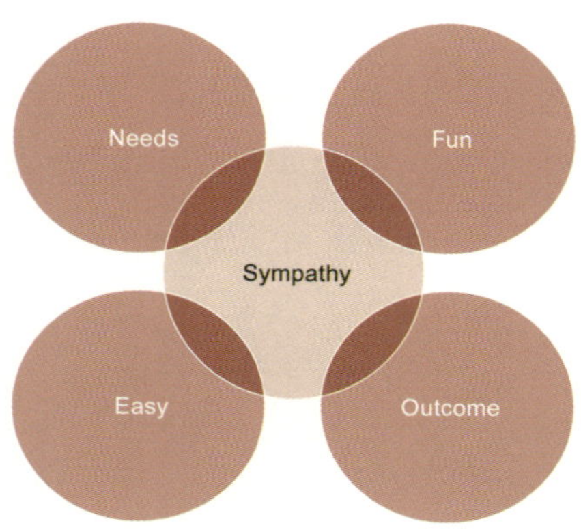

[표 8-1] 고객미팅 플랜

오피스 빌딩 임대자산관리 입문과 실무

[표 8-1]과 같이 먼저 Needs를 살펴보자. 사전 정보 검색과 기업의 문화를 통해 이들의 요구가 무엇인지? 지금 어떤 고민을 하고 있는지를 지인이나 기사 등을 통해 미리 알아야 한다. 고객의 요구와 그들의 핵심 포인트가 무엇인지 철저히 들음으로 알아야 한다. 그렇게 알아내기 위해서 더욱 고객의 상황을 연습하고 공부해야 하는 것이다. 질문은 짧고 간결하고 향후 대화의 내용에 문제가 없는지를 파악하여 정리하는 스타일로 해야 한다. 그럼, Fun은 무엇일까? 고객에게 뭔가 흥미를 유발시키는 아이템을 보여주어야 한다. 고객이 자동차 회사 직원이라면 자동차 로고가 새겨진 와이셔츠 핀을 사용하는 작은 정성을 보여 줄 필요가 있으며, 자동차에 대한 다양한 지식을 가져 볼 필요가 있다. 외관보다는 기술과 디테일한 Soft Ware 부분을 이야기하면 고객은 관심을 보일 것이다. 곧 고객은 다양한 설명과 흥미롭게 듣는 마케터를 통해 자신의 이야기에 본인이 재미를 느끼게 될 것이다. 또 하나 재미있게 듣는 연습을 꾸준히 해야 할 것이며 이야기가 길어진다면 더 이상 들을 것인지, 말 것인지를 파악하고 자리를 정리해야 한다. 고객에게 실례가 되지 않도록 자리를 정리하는 것도 굉장히 큰 자산이고 기술이다. 다음으로 Easy는 모든 문제가 쉬워야 한다는 것이다. 내가 알고 있는 것을 상대방도 다 알고 있다고 판단하면 오산이다. 그리고 내가 한 이야기를 상대방이 100% 이해했다고 생각하는 것도 큰 착각이다. 우리는 '부동산쟁이'지만, 상대방은 그냥 '고객'이다. CBD는 알지만, GBD, YBD가 무엇이냐고 묻는 경우도 바로 그러한 것의 한 예일 것이다. Outcome은 고객과의 만남을 바로 수익으로 생각하거나 여기지 말라는 것이다. 지금의 만남과 회의가 매출이 될 수도 있고 안 될 수도 있다. 너무 조급해 하지 말라. 3년, 5년이라는 시간은 금세 지나가고 결국은 나를 찾는 전화가 반드시 울려 올 것이다. 천천히 한 걸음씩 다가가다 보면, 어느덧 내가 그 업무의 총괄 매니저가 되어 있을 것이다. 강남의 전문 브로커

의 경우 절대로 빌딩을 팔라거나 수수료가 어떻다거나 라는 말을 입에 담지 않는다. 철저히 자신을 낮추고 상대방의 의중 파악을 위해 끝까지 자신의 얼굴을 표현하지 않고 포커페이스를 유지한다. 무섭고 소름이 끼칠 정도다. 그러나 그들의 고객 응대가 결코 허망한 결과가 되지 않음은 구전을 통해 오랜 세월 전해지고 있다. 최종적으로 Sympathy는 위의 네 가지를 모두 조화롭게 연결하여 당장이 아니고 몇 년이 걸리더라도 고객과의 관계를 꾸준히 유지시킬 수만 있다면 그것이(인) 반드시 돌아온다고 이야기할 수 있다.

3

고객미팅
모형의 활용

고객과의 접근과 만남은 아래의 미팅 모형을 통해 좀 더 구체화할 수 있을 것이다.

Attention, Contents, Massage, Perfection의 과정으로 이야기할 수 있다. 먼저, Attention(주의 끌기) 단계에서는 고객에게 문제를 제기하고 그 문제에 적절한 질문과 유머 그리고 시사점과 필요성을 만들어 내는 것이다. 이 단계에서 가장 중요한 것은 내가 이것을 알거나 경험해야 하는 필요성의 동기 유발에 기초한다는 것이다.

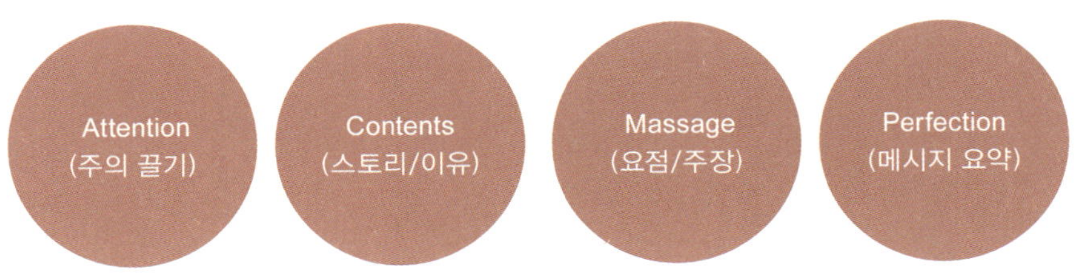

[표 8-2] 미팅 모형

Contents(스토리)로는 먼저 심플(Simple)한 표현으로 매끄럽고 Clear한 정리가 필요하다. 뭔가 세련된 분위기는 표정과 의상 그리고 각종 액세서리도 도움이 될 것이다. 너무 과대한 포장은 고객에게 실례가 될 수도 있다. 업종과 상황에 맞는 연출을 기대하라는 것이다. 한 문장으로 표현하는 연습(수많은 교재의 숙지와 표현 연습), 의미 있는 메시지와 매력적인 표현으로 고객을 감동으로 몰아넣어야 한다. 대화의 스킬(Skill)과 E-Mail로 표현되는 다양한 문장은 수없이 반복해서 읽어 보아야 하고 연습해야 한다. 우리는 E-Mail라는 단순한 통신 매체를 통해 상대방의 교육 수준과 그의 성품까지 예측하는 경우가 발생하고 있다. 다음은 Massage(요점과 주장)이다. 많은 경험을 짧은 시간에 이야기하기란 쉽지 않다. 이럴 때는 Q&A를 통해 경험을 한 박자 늦은 반 박자로 설명하는 편이 좋다. 또한 내가 간접 경험한 것보다는 직접 경험한 것을 사실적인 표현으로 짧고 선명하게 설명해야 한다. 부동산의 경우 남의 경험을 이야기하다 보면, 뻥쟁이로 쉽게 전락할 수 있기 때문이다. Perfection(요약)이다. 바로 지금까지 진행한 미팅 내용을 요약 정리해서 함축적으로 상호 확인할 필요가 있다. 이때 가장 많이 사용되는 것이 바로 E-Mail이다. 금일 또는 지금까지 서로 나누며 체크했던 부분을 E-Mail을 통해 서로의 이해를 정리하고 바로 잡는 것이다. 이러한 Feedback이 없을 경우 오해와 불소통으로 계약을 망칠 수 있는 경우가 허다하다.

4

고객미팅의
주요 요소

'나는 연예인이다.'라는 의식을 가져야 한다. 내가 만나는 기업에 속한 고객은 바로 내가 그 기업의 직원인 것처럼 행동하고, 경험하고, 알아야 한다. 또한, 내가 고객을 만날 때는 나의 최상의 컨디션으로 그들을 접견해야 한다. 깔끔한 복장, 표정, 상황에 맞는 연출은 연예인 버금가는 준비로 만들어 낼 수 있다. 필자의 경우 대학이나 기업 강의를 가끔씩 가게 되는데 그러한 강의가 있는 날은 며칠 전부터 몸 상태를 준비하고 체크한다. 먹는 것 하나도 각별한 신경을 쓴다. 왜냐하면, 나의 속 사람을 더욱 가꾸어 겉 사람도 아름답게 만들기 위한 것이기 때문이다. 고객은 언제나 나의 완성된 모습과 깔끔한 모습을 원하기 때문이다. 민낯으로 절대 TV에 나오지 않는 연예인처럼 우리도 항상 준비된 모습을 갖추고 있어야 한다.

고객 미팅 요소를 살펴보자. Story Telling은 명확한 메시지를 전달하기 위해 여러 페이지로 준비한 리포트를 정리 전달할 수 있어야 한다. 명강사들의 강연을 듣다 보면 그들이 이야기가 물 흐르듯 끊기지 않음을 발견할

[표 8-3] 고객미팅 요소

수 있다. 대부분의 경우 남자보다는 여자들이 이야기를 훨씬 잘 이끌어 간다. 이것은 뇌의 작용으로도 볼 수 있으나 연습의 결과로도 만들어 낼 수 있다. 상업용 부동산 마켓의 이야기를 간결하고 명확하게 전달하기 위해서는 사례를 통한 경험과 고객 감동의 사례를 풀어 이야기해도 좋다. 신선하고 Best 사례를 통해 연기하듯, 이야기하듯 편안하게 주위의 시선을 끌어야 한다. 신선하다는 것은 가장 최근의 사례를 제시하는 것이 좋다. "예전에 몇 년 전에…" 이러한 것은 식상하고 현실에 안 맞을 수 있고, 본인이 너무 뒤처져 보일 수 있기 때문에 위험하다.

Action으로는 모든 것을 나의 것으로 이야기해야 한다. 자신감 넘치는 에너지는 바로 자신의 경험을 이야기할 때 나오는 것이다. 그리고 계속되는 열정적 표현보다는 강약을 주어 고객이 듣기에 지루하거나 피곤하지 않도록 해야 한다. 목소리의 톤을 조정하는 것도 하나의 예가 될 수 있으나 잘못하면, 사기꾼 같은 뉘앙스를 줄 수 있으므로 주의해야 한다. 인상과 표정 그리고 시선 처리와 제스처는 모두 고객 중심으로 하되 나의 자세와 동작 그리고 상대에 대한 배려를 거울과 많은 강의와 스피치 경험을 통해 깎아 내고 만들어 내야 할 것이다. 강의를 잘 들었다는 말을 듣는 것처럼 행복한 일도 없을 것이다. 그리고 되돌아오는 Feedback은 나의 삶을 더

오피스 빌딩 임대자산관리 입문과 실무

욱 풍요롭게까지 할 수 있다. 그래서 더욱 열정을 가지고 접근해야 하며, 지속적인 발전과 학습 그리고 연습이 필요하다.

Source로는 주로 외부에서 다양한 소스를 얻으려고 하는 부분이 많은데, 실질적으로 내부에 더 많은 정보가 있는 경우가 많다. 내부 영업이라고 이야기하듯 내부 소통은 무엇보다 중요한 요소가 된다. 실제로 어떤 회사의 경력 사원이 외부 마케팅으로 많은 고객을 만나고 다니는데……"00 임원님…… 밖에 돌아다니지 마시고, 내부에서 이야기하세요."라는 치명적인 이야기를 들었다는 것은 창피함과 동시에 회사의 내부 소통 부재를 간접적으로 지적하는 상황이라고 볼 수 있다. 소스로는 주위 동료와 실무자들이 모임과 소통, 세미나나 각종 만남 등을 통해 간접 경험할 수 있다. 인터넷의 한계를 전문 서적과 진학 그리고 다양한 사람들과의 만남을 통해 얻을 수 있다. 또한, 이러한 스토리와 소스들을 정리하고 발표하는 일을 게을리 하지 말아야 한다. 전문가라면 시장의 전문 서적과 매스컴에 본인의 의견과 시장의 정리된 내용을 자신감 있게 표현하고 이야기할 수 있어야 한다. 글을 쓰며 본인의 경험과 시장의 상황을 계속 업데이트하고 정리하는 습관을 가질 필요가 있다.

Best Use는 주로 토론과 업계 동향 그리고 사람들과의 만남을 통해서 얻어 낼 수 있다. 그리고 나의 포지션보다는 한 단계 위의 업무 지시자의 역할과 그들의 고민을 함께 고민할 수 있어야 한다. 모든 비즈니스에는 최상위 단계부터 하위까지 수많은 단계와 기업이 존재해 있다. 내가 어디에 위치해 있든 간에 두 단계 정도 위의 사람들과 교감하고 업무를 나눌 수 있어야 그들의 Needs를 정확하게 판단하고 깔끔한 일 처리를 할 수 있다. 그러한 관계는 결국, 공감대를 형성하게 될 것이며 각각의 주제와 세부 항목

별로 독창성과 아이디어 그리고 새로운 버전의 대안을 도출할 수 있다. 위의 Source에서 도출된 각종 정보와 습관적인 자료 수집은 나의 발전과 동시에 업계의 발전과 기업이 우위에 설 수 있는 기회를 제공받게 될 것이고 나도 어느새 높은 상황 속에 많은 노출이 되어 있을 것이다. 그렇다고 너무 유명해지는 일에만 몰두해서는 안 될 것이다. 방송이나 매스컴에는 경험이 아닌 남의 데이터로 입만 나불대는 사람들이 많이 나서고 있고 그들에 대한 평가는 냉혹하기 때문이다.

5

의견전달과
감성형성을 위한
스피치

　설득의 기본 요소를 살펴보자. 먼저는 상대방의 상황과 미래의 수익을 제시하도록 한다. 결과적으로는 이래서 유리하다. 그런데… 이러한 설명은 간혹 오해를 가져올 수 있으므로 처음부터 이야기하지 않는 것이 좋다. 결국은 당위성과 타당성이 맞은 이후에 조심스레 이야기를 꺼내는 편이 좋다. 논리적인 설명은 내가 시장을 리드하고 정확하게 이해하고 있는 것과 시장의 리더로서 대우받고 있음도 고객이 알 수 있도록 해야 한다. 이럴 때 가장 좋은 방법이 저널에 표현된 시장 분석과 전망 등의 기사가 될 수 있다. 대화의 내용과 정보는 건실하고 정직하게 표현하되 가장 중요한 것은 열정적으로 이야기해야 한다는 것이다. '내가 오피스에 미쳐 있다.'라는 것을 상대방이 이해하고 그런 사람으로 여겨야 한다. 예를 들어, "정말, 부동산(오피스) 일을 좋아하시는 것 같아요. 저도 교수님처럼 되고 싶어요." 등등…… 부족한 나를 보고 닮고 싶어 하는 사람이 있다는 것이 기적 같지만, 그러한 하루하루가 결국은 나를 기적으로 만들어 갈 것이다. 나의 전망 기사와 나의 경험적 지식에 대한 기사는 아마도 안 보

는 것 같지만 상당히 많은 사람들이 읽고, 느끼고, 공감하고 있음을 알아
야 할 것이다.

[표 8-4] 공감대 형성을 통한 감성 접근

이제 설득의 과정에서 공감대를 형성하는 과정을 지나 질문을 통해 상
대의 이해와 접근을 살펴보자. 전체 질문으로 큰 주제로 물어볼 수 있다.
이것은 고객이 상황을 정확하게 이해하고 있는지 파악하기 위한 것이다.
지명 질문은 세부 항목에 대한 질문으로 이해도와 만족도를 체크할 수 있
다. 나의 설명에 이 사람이 얼마나 세부적으로 이해하고 있으며, 향후 미
팅에 조금 더 Develop된 가정을 나눌 수 있는지를 파악하는 중요한 요소
가 된다. 또한 나의 질문에는 내 스스로 해답과 비슷한 정답들을 여럿 가
지고 있어야 한다. 비즈니스에선 정답이 여러 개가 될 수 있음을 기억해

오피스 빌딩 임대자산관리 입문과 실무

야 한다. 나의 질문도 중요하지만 상대방의 질문이 어렵거나 난해할 수 있다. 이럴 때는 즉답을 피하고 상급자를 명명하거나 다양한 핑계로 진정성 있는 고민과 어려움을 간접적으로 이야기할 필요가 있다. 속으로는 쾌재를 부르더라도 겉으로는 고민해야 한다. 그러나 그것이 탄로 날 것에 대한 대비도 해야 할 것이다. 결국은 이런 방법을 너무 자주 쓰지 말라는 것이다. 마지막으로 이해 여부에 따라 다양한 결과로 여유 있게 응대한다. 차분하고 여유 있게…. 공감대를 형성한 이익 실현은 Win-Win 전략으로 이끌 것이며, 부동산 업계는 이러한 Win-Win이 아닌 Win-Win-Win전략을 성공시켜야 한다. 그것은 다음 장에서 다루기로 한다.

6

효과적인
고객응대 기법
(FAMILY)

Friendly는 고객에게 최대한 우호적인 감정으로 접근함을 이야기한다. 물건을 파는 세일즈맨이라기보다는 건물주와 같은 표정과 연출 그리고 내 집을 임차한다는 마음가짐이 있어야 한다. 임차인으로 고객을 한정 짓는다면, 임차인이 방문하는 빌딩의 관리자들이 건물주처럼 행동하고 주의하고 관심 있는 상황을 경험하게 된다면 그것을 선택할 가능성이 높다는 것이다. "아, 이 사람들이 이 집을 정말 자기 집처럼 생각하는 구나." 라는 느낌~!

Attention은 바로 고객에 대한 관심과 주목이다. 어떤 업종의 회사가 방문하는지 사전에 미리 파악하여, 그 회사의 느낌과 우리의 빌딩이 상당히 비슷하고 가깝다는 이미지 마케팅을 실현시켜야 한다. 그것이 자동차, 제조, IT, 화학, 금융, 전자 등등 그 업종에 맞는 우리의 표현을 준비하고 있어야 한다.

Me too, 고객의 관심과 말과 행동에 맞장구를 쳐 주어야 한다. 너무 눈에 띄지 않도록 최대한 예의 주시하면서 준비된 나의 연출을 보여 주어야 한다. 내가 보여 주는 그 느낌대로 그들의 선택이 달려 있기 때문에 고객과의 만남에서는 준비된 스태프를 대기시켜야 한다. 그리고 1차적인 만남의 자리에 있는 사람은 빌딩의 시설, 관리, 보안, 청소, 운영, 임차인 등등 다양한 정보를 사전에 습득하고 발표할 수 있어야 한다. 물론, PT는 다른 전문가가 준비하고 있지만, 예기치 못한 상황 속에서 질문을 받을 수 있기 때문이다.

Interest, 관심과 흥미는 잔잔한 대화 속에서 시작된다. 건물의 장점을 마구 늘어놓기 전에 이 건물을 방문하게 된 계기와 주변에 다른 경험들은 어떠했는지 살펴볼 필요가 있다. 이것을 통해 다른 건물보다 차별화된 우리 것을 찾아 보여 주어야 한다. 그러한 경험은 내가 관리하는 상품이 최상이라는 자부심과 나만의 프라이드가 있어야 한다는 것이다. 어떻게 하면 저 Prime급 빌딩보다 우리가 더 멋질 수 있을까? 도심의 한 빌딩의 경우 임차인의 만족도가 신축된 새로운 빌딩보다 높은 경우를 더러 볼 수 있다. 임차인의 이동도 경기의 바닥을 치더라도 흔들림이 없는 그런 빌딩…… 그런 빌딩의 결과는 ‘관리와 서비스’에서 결정된다고 볼 수 있다. 결정적인 선택은 바로 ‘서비스’에서 나타날 수 있다. 물론, 비용이 큰 이슈가 된다면 할 수 없겠지만 향후 다시 만날 가능성을 높이기 위해서는 서비스에 승부를 걸어야 한다.

Look, 고객을 바라보고 불필요한 부분에 대해 5초 이상 집중하지 마라. 고객의 관심은 순간적으로 변화하고 바뀔 수 있다. 변심이라고 생각하지 말고 고객의 관심을 내가 다양하게 이끌어 가는 것이 중요하다는 것이다.

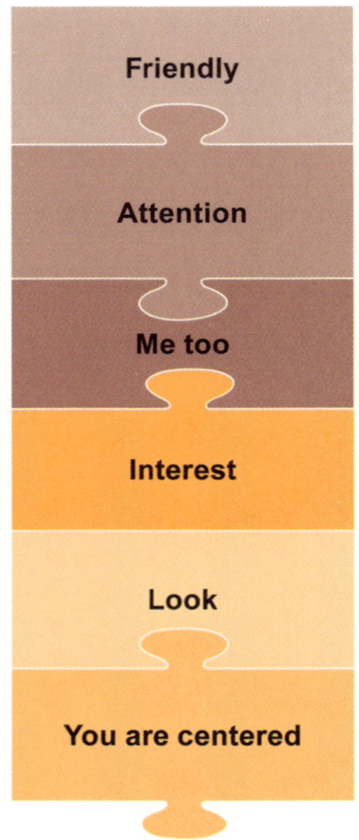

[표 8-5(6-1)] FAMILY 기법

끌려가는 대화와 이끌리는 대로 따라가다 보면 나는 전문가가 아닌 그냥 수위 아저씨에 불과할 수 있다. 어떤 선택을 할 것인가? 수위 아저씨냐 아니면 건물주로서의 대우를 받을 것이냐? 그 결과는 임차인이 우리를 대하는 태도를 통해 나의 포지션을 결정지을 수 있다.

You are centered, 고객이 중심인물이라는 생각을 하라. 빌딩을 구성하고 있는 것은 바로 임차인이다. 어떠한 임차인으로 구성되어 있느냐에 따라 건물의 가치까지 결정되는 시장이다. 외국계 회사를 선호하는 기업 문화와 빌딩주들의 욕심은 결국 그들의 눈높이를 맞출 수 있느냐에 달려있다.

임차인에 대한 서비스가 준비되어 있지 않은 상황에서 대사관이나 외국계 회사를 받는다면, 아마도 그 회사는 얼마 있지 않아 그 건물을 떠나게 될 것이다. 빌딩의 주인은 임차인이다. 더 말할 필요 없이 임차인의 요구를 정확하게 파악하여 그 중심인물이 피곤하지 않도록 서비스의 서비스를 더 해야 할 것이고, 해외 사례와 호텔 등의 선진 서비스를 경험하여 제공하여야 할 것이다.

중요한 것은 상대의 직급과 상관없이 대화를 리드해야 하며, '내가 최고다.'라는 생각으로 전문가의 스킬을 보여 주어야 할 것이다. 그리고 나아가 당신도 나의 전문 영역에 최상의 서비스를 받아 보라는 느낌을 강하게 어필할 필요가 있다.

효과적인
질문과 경청

경청 : 질문자가 스스로 이야기를 꺼낼 수 있도록 분위기와 상황을 만들어야 한다. 나는 충분히 들을 준비가 되어 있다는 자세는 내 이야기가 가치가 있어야 상대방이 말을 한다는 것이다. 요약으로는 급하게 답변하지 말고, 먼저 요약하고 내 것으로 만들어야 한다는 것이다. 내가 요약한 내용을 가지고 설득과 이해를 구해야 한다. 칭찬은 상대방의 의견을 존중한다는 나의 표현이자 동의이다. 공유는 상황을 서로 이해하고 절대 먼저 "No"라고 이야기하지 않는 것이다. 한번 검토해 보겠다는 표현은 "아니다"라는 표현을 가볍게 정리할 수 있는 것이다. 답변은 가급적 급하지 않게 하도록 하며, 시간이 허락된다면 즉답보다는 하루 정도 시간을 버는 것이 좋다.

중요한 의사결정은 확인 과정을 거쳐 이해 여부를 판단하고 반드시 여러 명이 있을 때 해야 한다. 나중에 딴소리를 한다. 그래서 그것을 중재하거나 증명해 줄 우리 편과 상대편 직원이 있을 때 정리해야 한다. 계약서 협

[표 8-6] 질문과 경청[7]

의를 다 마치고 계약 날인하는 날 전혀 다른 이야기를 하는 경우과 계약을 파기하는 경우까지 만들게 된다. 실무자가 다치지 않기 위한 다양한 예방 주사를 곳곳에 설치해 두어야 한다는 것이다.

---

7 * 자료 : 사내강사양성 프로그램, 한국생산성본부, 2012 자료 재구성

8

임차인 및
건물주의 접견요소

　인상과 표정에서 얼굴 표정을 밝고 자신감 있는 모습으로 나를 표현할 수 있어야 한다. 양복의 경우 신뢰감을 줄 수 있는 스타일을 연출할 수 있도록, 감청색이나 권색 계열의 짙은 양복과 검정색 구두로 맞춰 주는 것이 좋다. 상의 앞 단추를 잘 잠그고 손수건 이외에 지나친 사물을 양복에 겉, 속주머니에 넣지 않는 것이 좋다. 본인의 경우에 양복 바깥쪽 주머니는 구입 후 아예 사용하지 않아 주머니에 아직도 박음질이 되어 있다. 항상 깨끗하고 단정한 이미지를 구사할 수 있어야 한다. 회사의 로고가 박힌 뱃지가 있다면 비뚤어지지 않도록 부착하고 넥타이도 고객의 나이, 직급, 날씨와 기후, 계절에 맞는 컬러로 나를 더욱 신뢰감 있게 표현해야 한다.

　시선 처리는 상대방이 당신의 주목을 받고 싶어 한다는 것을 인지하고, 주시율을 높이고 시선을 한껏 맞춰 줄 필요가 있다. 전체가 아닌 1:1로 이야기하듯 해야 하며, 시선을 바꾸는 타이밍도 제스처나 내용을 바꿔 가며 자연스럽게 진행한다. 이때 눈을 좌우로 움직이지 않도록 하며, 시선을 돌릴 때는 몸도 함께 돌려서 비전문가처럼 보이지 않도록 조심한다.

　제스처는 말보다 항상 앞서서 사용하도록 하며, 어깨에서 배까지의 범위에서 자연스럽게 연출하도록 한다. 또한, 중앙기준 30㎝ 이내에서 메시지를 줄 때와 감정을 호소할 때 진행한다. 제스처는 내가 하는 말과 스피치에 힘을 실어 줄 수 있음을 기억하고 주의 깊게 진행하도록 한다.

　자세는 정면을 응시한 채 반듯하고 자신감 있게 미팅을 이어가도록 한다. 그리고 안정감 있는 자세를 취하기 위해 앉고 설 때 모두 주의해서 행동하도록 한다. 제스처와 함께 움직임은 자연스럽고 빠르지 않도록 하며, 절절하게 나를 표현하고 응시함을 서로 주고받도록 한다. 가방, 시계, 커프스 버튼, 양복, 안경, 벨트 및 명함지갑 등은 품격을 구성하는 중요한 요소로 격에 맞도록 하며, 너무 사치할 필요까지는 없다.

9

고객
접견 서비스

접견, 먼저 고객과 최초로 만나는 장소를 잘 구분하여 준비하도록 한다. 지하 주차장인지 건물 입구 1층 의전 공간인지를 구분하고 보안 요원의 안내도 좋지만, LM(Leasing Manager)이 직접 의전을 담당하는 것도 좋을 것이다. 건물의 특징을 즉각적으로 물어볼 수도 있기 때문이다. 예를 들어, "건물주가 누구냐? 주요 임차인은? 공실은 왜 발생된 건가?" 등등……

이동, CEO만을 위한 자리가 아니므로 전반적인 지휘와 통제, 안내와 서비스가 전문적이고 품격 있게 진행할 수 있도록 한다. 너무 요란스럽지 않은 것이 주요하며, 이동 시 가벼운 대화거리를 준비하여 준비되는 마음을 얻을 수 있도록 해야 한다.

Site Tour, 정해진 시간과 장소를 효율적으로 파악하여 활용 방안을 준비하고 예행연습을 한다. 고객의 기호와 중심요인 파악 그리고 LM 전문가는 2인 이상 배치하여 CEO 및 임원과 실무진의 다양한 질문에 효과적인 대답을 할 수 있도록 한다. 이때 주의할 점은 PM팀장 또는 관리소장(FM)이 가급적 동행하지 않도록 하며, 만약 같이 한다면 LM 담당자의 질문에만 짧게 대답할 수 있도록 한다. 주가 되는 모든 행동과 표현, 설명은 모두 LM팀장이 진행하도록 한다.

시설 및 강점, LM팀장은 사전 시설물 파악과 숙지를 통해 고객에게 충분한 설명이 될 수 있도록 하며, 예상 질문을 미리 정리하여 예행연습을 하도록 한다. 시설 및 FM적인 요소는 미리 사전 숙지하며, 고객에게 원활한 소통이 되도록 준비한다(Check List).

Presentation, 효과적인 시간 활용을 통해 건물의 최적 상태를 설명하도록 한다. 다만, 동영상이나 프레젠테이션을 너무 길게 하거나 고객을 의자에 앉혀 지루함을 주어서는 안 된다. 오히려 서서 설명을 듣거나 간단한 음료를 먹으면서 하는 것도 괜찮다(음료, 짧은 동영상, 브로슈어, 아이소메트릭스, Layout Sample 등).

Feedback, 서비스가 성공하지 못했을 경우라도 반드시 우리 건물이 선택받지 못한 이유(임대료, Location, Layout, 임차인 구성, 건물주, 관리 회사 등)를 파악하여 향후 반복되는 실수가 나오지 않도록 철저히 준비한다. 또한, 1차 방문 이후에는 2차, 3차의 지속적인 현장 방문이 예상되므로, 재차 방문하는 고객의 경험적 부분과 총무, 경영, 엔지니어 등의 방문 일정에 따라 건물주 측의 담당자를 정확히 구분하여 설명할 수 있도록 한다.

("당 빌딩에 입주하지 못해 아쉽지만, 당신의 서비스에 만족합니다."라는 Letter를 받음.)

10

부동산 관리자의
고객 응대 서비스

Relationship, 기업 동향과 기업 관계자와의 사회적 동향, 이슈, 글로벌기업 동향(상업용 부동산의 경우 이 부분이 더욱 중요함), 해당업종의 분위기를 파악하며 꾸준한 관계 유지를 위해 정기적인 식사와 포지션의 변화 등을 예의 주시한다(승진 및 인사 발령 등을 잘 관찰하며, 적절한 대응을 준비함). 서비스 담당자 또한 지속적인 학습 및 진학, 전문영역에 대한 의견수렴 등이 필요하다.

Service Mind는 일상적인 서비스(만족도 조사 및 관리 용역 상태 조사)가 1회성 만족과 서비스가 되지 않도록 주의하여야 한다. 주변 빌딩 및 Prime급 빌딩 서비스와 호텔과 리조트 서비스에 대해서도 관심과 정보를 가지고 있어야 한다. 중·소형 빌딩의 고액 자산가들의 건물관리도 조사 대상이 된다. 왜냐하면, 개인 자산가들은 매일 건물로 출퇴근하며 건물의 작은 부분까지 직접 수선, 관리, 보완하기 때문이다. 이는 중·소형 빌딩이 10년 넘는 임차인을 다수 보유하고 있는 이유가 되기도 한다. 전문 기술자들의 경험적 지식을 공유할 수 있도록 PM, LM 담당자들의 정보와 지식 공유 자리가 자주 만들어져야 한다.

Sincere는 감정, 신념의 진실된 모습이 고객에게 그대로 보여져야 한다는 것이다. 해당 빌딩의 서비스도 중요하지만, 기업 문화와 Green Company의 사회적 영향을 나눌 수 있어야 한다. 연예인이 극중 역할에 따라 체중, 체형, 성격과 표정이 다양하게 변화하는 것처럼 PM 담당자와 LM은 해당 기업의 직원과 같은 종사자로 변화되어야 한다. 그리고 마음이 보이는 서비스를 할 수 있도록 꾸준한 관심과 노력을 필요로 한다.

Creative는 자신만의 Know-How를 지속적으로 Develop시켜야 한다. 시장 파악, 인물 파악, 동향 파악을 주로 담고 있어야 하며, 신선한 목소리를 꾸준히 듣는 자리를 지속적으로 만들어야 한다. 창조적 Idea는 결코 사무실에 앉아서 얻을 수 있는 것이 아니다. 잦은 만남과 많은 사람들과의 아이디어 공유 및 시장 상황 등을 통해 얻어질 수 있다. 젊은 목소리를 들으려 애써야 하며, 인간관계를 더욱 넓혀 나가야 한다. 지휘를 막론하고 대학이든 대학원이든 기업이든 강의와 세미나에 초청되었다면 주저 없이 다가서야 하며, 저널이나 각종 경제 관련 신문이나 주간지의 편집과 원고, 인터뷰가 있다면 정성껏 준비해서 응대하여야 할 것이다. 결국 시장에 내가 얼마나 노출되어 있고, 시장에서 나를 찾게 만들려면 사람을 만나는 것으로는 부족할 수 있기 때문이다. 나를 최대한 홍보하고 나를 최대한 우량 고객들에게 비싸게 알려줘야 한다. Creative는 정말 좋은 단어이고 표현이며 이 시대의 대기업 직원들이 새겨들어야 할 표현이다. 특징을 주목하라…. 기업과 오너와 고객의 특징을 파악하여 내 것으로 만들어라. 그리고 내가 그 주인공이 되라…. 성공한 영화나 드라마의 주인공이 나라는 것을 잊지 말라.

11

부동산 전문가의
자세

Market Trend, 상업용 부동산의 변화를 직시하고, 끊임없는 연구와 학습을 주도해야 한다. 학습법을 정하고 나름대로 매주 10시간 정도는 나를 위한 학습의 시간을 만들어 주어야 한다. 업무 정리와 시장 정보 정리 등을 토요일 출근을 통해 집약하여 내 것으로 만들어야 한다. 가급적 집보다는 사무실이나 공공 도서관 등을 활용하면 좋겠다. 회사 회의실이든 커피숍이든 나만의 집중되는 공간이 있다면, 나만의 열정을 풀어놓고 크게 웃고 소리 내어 나의 성공한 미래를 상상하고 펼쳐볼 필요가 있다. 다양한 저널, 해외 사례(방문), 해외 연수 및 빌딩 답사 등은 중요한 경험적 지식을 더할 수 있고, 외국계 회사의 동향 파악을 통해 한국 시장과 아시아 시장을 살펴본다. 최근 이슈 등(외국 기업의 이탈, 규모의 축소, 확장, 경영전략 분석)을 체크하고 세미나와 발표 등을 통해 Market Trend를 전문가 지휘로 스피치할 수 있도록 한다. 강의 및 발표 요청에 절대 No라고 말하지 말고, 한번 해 보겠다는 의지로 준비하여야 한다. 반복적인 강의와 실전 스피치는 나를 상당히 강하게 연단해 주어 어떠한 상황 속에서 정확한 내 생각과 판단을 고객에게 전달할 수 있게 된다.

High Rank Service, 경쟁 빌딩의 성공 사례와 Rent-Free, 그리고 기타 인센티브와 선진 서비스 사례를 조사 분석한다. 국내외 임차인 분석, 외국 회사와 국내 회사의 임차 동향 분석이 필요하며, 호텔 서비스의 다양한 사례와 스킬을 경험할 수 있도록 한다. 경쟁 빌딩의 사례를 통해 장, 단점 및 SWOT 분석을 진행하며 예행연습을 통해 내 것으로 만든다. 단, 실패 사례가 있더라도 그것을 너무 장황하게 말하지 않도록 하며, 성공 사례와 긍정적인 나의 열정과 기대를 고객의 기대와 맞출 수 있도록 한다.

Discussion Learning으로 분야별 전문가 미팅을 진행하며 세미나와 토론회 등을 직접 발표, 토론 하도록 한다. 발표 연습은 작은 소그룹에서 시작해서 많은 사람들 앞에서 떨지 않고 내 의견을 피력하는 연습을 해야 한다. 간단한 건배 제의사도 연습하고 생각하지 않으면 떨거나 실수하는 경우가 다반사다. 매경이코노미, 한경, 매경, 노블에셋, 한경머니 등 다양한 경제 뉴스지의 자료를 숙지하고 고객과의 대화에서 다양한 주제로 사용할 수 있어야 한다. 가끔은 TV의 예능 프로가 도움이 될 때도 있다. 기업 경영진의 관심 뉴스를 체크하고, 전문 경영인 및 임원들의 자녀 교육과 트렌드를 파악하는 것도 중요하다. 해외 연수, 외국인 학교 수강, 강남의 교육 트렌드 등은 누구나 관심 있는 분야이며, 아파트와 도시형 생활 주택과 호텔 등 다양한 부동산 정보도 꾸준히 자료를 축적하여 둔다. 이러한 방법으로는 다양한 부동산 관련자들과 자주 미팅하여 들은 이야기들을 내 것으로 정리해 둔다.

Bench-Marking 해외 사례 연구로 우수 사례를 탐방하고 메모하며, 해외 방문 전에 미리 내가 습득한 정보와 지식을 스크랩해 두어야 한다. 그래야 여행과 답사에서 보다 효과적인 정보를 습득할 수 있다. 미리 벤치마킹 보고서를 작성하고 방문하는 것은 더더욱 효과적이다. 신축 빌딩, 초고층 빌딩, 선진 도시 탐방, Town Management, 빌딩 임차인 조사 및 분석, 외국 기업의 동향 파악 등도 중요한 요인이다. 해외 사례에 대한 현장 답사 시 보고 듣는 것에 꼼꼼한 주의를 기울여야 하며, 사진과 메모로 출장에 대한 명확한 근거를 제시할 수 있도록 해야 할 것이다.

오피스 빌딩 임대자산관리 입문과 실무

12

VVIP를 위한
관리운영 방안

VVIP는 누구? VIP와 VVIP를 구분해서 준비한다. VVIP의 접견 요소 파악은 특별하지 않은 듯하나 결국 자신만을 위한 서비스가 제공되고 있다는 인식을 받을 수 있도록 한다. 지방대가 아닌 서울대 출신의 마켓 설명이라는 이야기를 들을 수 있도록 전문적인 표현과 언어 선택, 적절한 영어 표현 등은 나를 좀 더 세련되게 보이게 할 것이다. 가장 중요한 것은 몇 마디의 용어 선택과 손짓과 표정 그리고 복장과 매너 등으로 전문가 Skill이 풍겨날 수 있도록 한다. 이것은 나의 표현으로 고객이 직접 체험하는 부분이다. 고객에게 내가 진정한 전문가로서의 역할을 담당하고 있다는 의식을 심어 주어야 한다. 어떻게? 그것은 나의 노력에 대한 경쟁력으로 보일 수 있다. 과거와 현재 그리고 미래의 변화를 적절하고 논리적으로 설명하되, 부풀려지지 않도록 스스로 조심한다. 고객은 사소한 것에도 관심을 보일 수 있으므로 나의 준비된 멘트 중에 작은 것도 꼼꼼히 챙기는 습관을 들이도록 한다. 간혹, 남의 이야기나 들은 이야기로 고객을 현혹시키려다가 망신을 당하는 경우가 종종 있다. 정확한 이야기와 용어 선택 그리고 확신의 표현으로 고객의 마음을 논리적인 긍정으로 이끌어 내야 한다.

Specialist, 내가 만나는 전문가는 누구인가? 나의 Positioning은 누가 결정하나? 나는 어떤 포지션에 위치하기를 원하는가? 내가 원하는 대로 나는 만들어지기 때문에 나의 결정이 무엇보다 중요하다. 어떤 기업의 경우 정작 본인은 중간에 머물고 싶어 하는 경우가 있다. 왜냐하면 위로 올라가는 것이 별 의미가 없다고 본인의 상황과 포지션에 허들을 두는 경우가 있다. 남자라면, 도전과 열정으로 세상을 바꿀 정도의 패기를 가질 필요가 있다. 소모품이나 톱니바퀴는 언제고 교체될 수 있음을 명심해라. 위험하지 않은 수준의 시장 예측과 동향을 제시한다. 이것은 많은 전문가들이 어려워하는 부분인데, 현장감과 데이터 그리고 미래 예측이 가능한 경험과 정보로 충분히 진행할 수 있다. 많은 예측 기사들이 잘못 예견한 리포트가 많지만, 상업용 부동산은 오히려 더 정확할 수 있다. 나를 더욱 담금질하는 예측 리포트 작성 연습을 꾸준히 해 보자. 금융과 고액 자산가들을 상대하는 전문 PB들도 부동산은 잘 모른다. 결국 '내가 전문가다.'라는 프라이드를 가져라. 그리고 외쳐라. 나의 정확한 정보력과 나의 신뢰를 시장에 알려라.

Knowledge, 나의 전문 분야로 고객을 끌어들여라. 시장 동향을 제시한다. 그러나 고객도 다양한 매체를 통해서 본 내용을 잘 인식하고 있을 것이다. 한 가지 내가 더 디테일하게 알고 있다는 것이 주요하며, 그것을 적절히 표현할 수 있어야 한다. 그럼, 전문가인 나는 지금 무엇을 하고 있는가? 아니면 나와 같은 주변인들은 무슨 생각으로 무엇을 준비하고 무엇을 꿈꾸고 있는지를 설명하면 된다. 시장의 현재와 미래… 과거 IMF와 서브프라임 모기지론 사태를 모두 경험한 현장 전문가의 의견을 고객은 고견으로 받아들일 것이다. AMC와 Invest들의 움직임은 어떠한가? 그들의 Needs는 무엇이고 왜 그것을 찾는지 그리고 마켓의 Leasing Market과 Capital Market의 차이점과 그들의 주장은 무엇이 다른지도 명확하게 설명할 수 있어야 한다. 아시아권의 중국과 일본 그리고 호주의 금융, 부동산 동향을 파악하고 큰 시장의 수요과 공급 시장의 변화와 사이클을 면밀히 분석할 필요가 있다. 회사의 분석 리포트가 있다면, 주간 단위로 꼼꼼히 Remind해서 기억할 수 있도록 한다. BOMA 등의 올해 빌딩관리 Key point가 무엇인지도 알 수 있다면 좋겠다.

Money, 대기업 PT 사례를 제시한다. 대기업 생명보험사가 최근 부동산을 사들이고 있다. 왜 살까? 그리고 왜 그렇게 비싸게 살까? 그리고 그 대기업에선 오히려 내게 상업용 부동산의 흐름과 전망을 물어본다. 더 잘 알고 있으면서 시장 전문가들의 소리에 귀를 기울이려고 한다. 무엇을 반증하는 것일까? 성공 사례의 디테일(Detail)한 부분을 검증하고 긍정적인 부분을 강조하여 발표하도록 한다. 실패 사례는 굳이 언급하지 않아도 된다. Fun한 스토리로 고객의 관심을 끌도록 하며, 성공 사례가 부족하지 않도록 다양하게 준비해야 한다. 그렇다면 지금도 그런 물건이 있나요? "아직 끝나지 않았다."라는 표현이 적절할 것이다.

마지막으로 기자들을 만나는 것을 두려워하지 말고, 기자들이 엮어가는 스토리대로 내가 말려들지 않도록 주의하며, 내 위주의 생각이 원고로 나갈 수 있도록 기자를 설득하라.

13

PM의
Win-Win 전략

　　PM 담당자로서 서비스와 통제를 지시할 수 있는 위치에 있기 때문에 매사에 긍정적인 마인드를 가질 수 있도록 노력해야 하며, E-Mail이나 문자 메시지 등 기록으로 남는 행동을 할 때는 더더욱 주의해야 한다. PM 담당자의 10계명을 다음과 같이 제시한다.

　　대상 자산에 대한 모든 것을 직접 경험하고 파악하라. FM 업체에 업무를 맡겨 두고 본인은 지시만 내리는 그런 행동은 있을 수 없다. 또한, 가장 먼저 출근하는 습관을 통해 직원들이 뭔가 준비하고 긴장된 서비스가 나올 수 있도록 해야 한다. 상부의 지시에 무조건 "Yes"를 외치지 마라. AMC에서 지시하는 내용이 가끔은 경험 부족이나 투자자의 입장을 대변하는 경우가 있으나 이럴 때는 건물주에게 향후 가치 상승의 부분이 있다는 확신을 제시할 수 있어야 한다. 현재의 임차조건으로 임대차 계약을 진행할지 여부는 PMC의 제안이 중요한 의사결정 요인이 되기 때문이다. 관계를 유지하되 친분을 쌓지는 말아야 한다. 관계는 중요하다. 그리고 꼭 필요하다. 다만, 그러한 관계가 이해관계로 발전되는 것을 막아야 한다는 것이다. 결단코, 금전적인 거래는 있어서는 안 된다. 작은 것을 주고 큰 것을 받아라. 업무 지시 대상이 하는 업무를 배우고 익히라. 안전과 관련된 내용은 절대 관대하지 마라. 협력 업체와 업무 이외에 관계를 맺지 말라. 효율을 높일 수 있는 컴퓨터 및 도구 사용법을 익히라. 관련 지식에 대해 '지속적으로 학습'하라! 등이 있다.

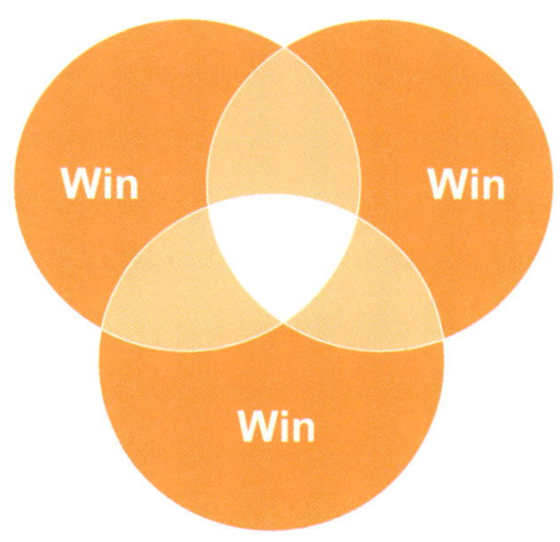

[표 8-7] Win-Win-Win 전략

위의 열 가지 항목을 하나씩 열거하여 설명하지 않더라도 지켜야 할 이유와 목적을 잘 알 것이다. 분명히 지켜야 하며, 더 나아가 또 다른 10계명을 찾고 또 찾아라!!

– 고층부의 임대료가 높은 이유는?

(왜? 비싸죠? View만으로 이렇게 차이가 나나요?)

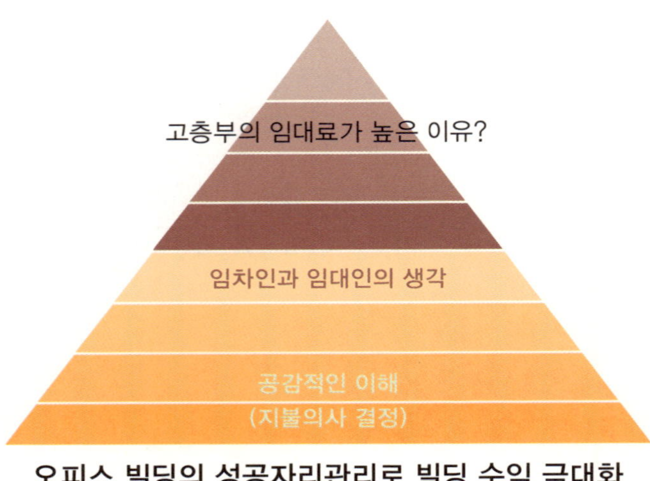

오피스 빌딩의 성공자리관리로 빌딩 수익 극대화

[표 8-8] 성공 자산관리로 빌딩수익 극대화

– 왜? 오피스 임대료가 월 120,000원/3.3㎡ 일까? 관리비는 왜 비쌀까?

  (이러한 이유를 설득력 있는 논리로 가지고 있어야 함)

PART 9
주요 사례
분석

1

주요 지역
사례

1) GFC(구, Star Tower)

Lone Star가 현대산업개발로부터 빌딩을 매입한 2002년부터 1년간 임대대행을 진행하였으며, 이후 2006년 GIC(싱가폴 투자청)이 매입한 이후 CBRE가 자산관리를 진행하며, 2016년 현재 점유율은 98%를 넘어섰다. 최근 99.8%까지 임대마케팅을 완료하기도 했다.

Lone Star가 소유한 기간 중에는 단기간에 다수의 임대차 계약을 성사시켜야 했으며, 이후 매각에 따른 Capital Gain을 바라보는 입장이었기에 임대료 조정, 보증금 인상 등의 협상을 통해 국내외 우량 기업을 임차하는 데 성공적인 결과를 도출해 냈다. 이 과정에서 임차인의 낮은 Credit으로 중도 해지와 명도 등의 이슈가 발생하기도 했으나 준공 이후 2.5년 이내에 90% 이상 임대차 계약을 이끌어 냈다. 강남 Grade A급 빌딩의 평균 임대료보다 약 15(%)~20% 비싼 임대료 책정으로 마켓에서 이를 수용하기까지 오랜 시간이 필요했으나 2000년대 초, 중반에는 NHN, SK, 디아지

오코리아㈜, 롤렉스, 벤츠, 나이키 등 굵직한 국내외 우량 임차인 유치에 성공했다. 2010년 이후에는 강남에 여러 오피스에 흩어져 있는 E-Bay(G-Market, 옥션)를 통합 이전시키기도 했다.

[표 9-1]
GFC 강남파이낸스타워
임차인 유치

이슈 및 문제점

강남파이낸스센터는 강남업무지구 내 Landmark 빌딩으로 자리를 굳히고 있으며, 해당 빌딩내에 한국 내 유수한 다국계 기업 및 국내 대기업들이 임차 중인 최고급 오피스 빌딩. 그러나 지난 2008년 4분기 이후 급격히 냉각된 경제 환경으로 인해 본 빌딩에 임차 중이던 우량 임차인들이 비용절감을 이유로 이전 고려, 기존 임차인의 증평수요와 Global Tenants의 Landmark 빌딩 입주 희망에 긍정적인 수익 실현이 가능한 상품으로 Up-grade 되고 있음.(대형 임차인 List up 진행)

해결방안 및 결과

지역 내 다른 빌딩과 비교해 보았을 때 상당히 높은 임대 가격을 고수하고 있어 유치할 수 있는 기업군이 한정되어 있음. 그러나 최근 전략적 M&A 등을 통해 기업의 성장을 추구하는 경우가 발견되고 있으며, 통합 이전과 신규 임차 수요는 꾸준한 상황임. 기존임차인에 대한 서비스 개발과 Tenants Need 반영 등 지속적인 임대기회를 모색한 결과 GFC 준공 이후 E-Bay와 Gmarket 통합 이전과 구글, 디아지오코리아, 나이키, 서울대병원등은 장기 임대차 계약을 유지하고 있음. 2017년 현재 96%의 임대율을 유지하고 있음.

Lone star 소유 시기에는 30층 이하만 임대마케팅을 진행하였으며, 상층부의 경우 임대료를 상향 조정하여 임대료에 차등을 줬고, VIP 임차인 유치를 위해 금융권에 대한 적극적인 마케팅을 실시하였다. 그리고 건물의 30% 이상의 임차인 수급이 완료되는 시점에 각종 편의 시설 등도 지하에 입주시켜 임차인의 업무 효율 극대화와 서비스 시설 확충을 꾀하였다. 이러한 결과 국내외 우량 FIRE(Financial Insurance Real Estate) 기업 유치가 가능했으며, 우량 임차인의 점유로 마켓에서 Landmark 빌딩으로의 가치는 계속 상승하고 있다.

GFC 역사

- 1995년 ~ 2001년 7월

1995년 현대산업개발의 본사 건물 '현대 I-Tower'로 계획(2001년 7월 준공)

IMF 외환위기에 Lone Star Fund에서 매입(약 6,300억원)

- 2004년 12월

Lone Star Fund에서 싱가폴투자청(GIC)에 매각(약 9,000억원)

- 2007년 8월 (CBRE Property Management)

스타타워에서 강남파이낸스센터(GFC)로 명칭변경

상업시설이 위치한 지하층을 리노베이션하여 GFC Mall 운영

• 2011년 4월

LEED Gold 획득 / 미국 그린빌딩 위원회(USGBC)가
만든 세계적 친환경 인증제도

• 2013년 3월

LEED Platinum 획득
완공건물의 플래티넘 인증(신축 제외)은 이·태 지역에
서 GFC가 최대 규모

• 2014년 11월

대한설비학회에서 수여하는 우수설비상 수상

• 2015년 11월

한국FM학회에서 수여하는 시설경영 오피스부분 대상
수상

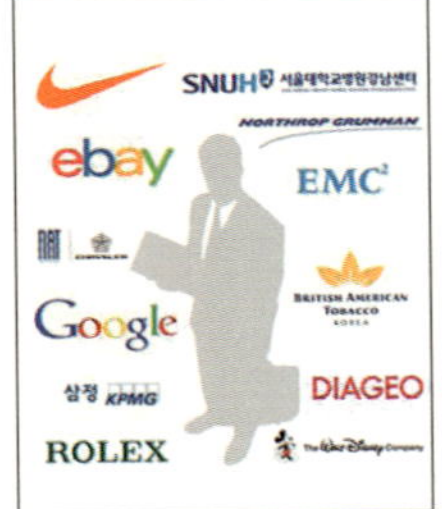

[표 9-2]
GFC 주요
임차인 구조

입주현황

○ 60여 개의 오피스 및 40여 개의 리테일 입주사로 구성
○ 입주사 직원 약 7,000여 명 및 인근 오피스 / 방문객
　등 1일 약 3,000여명 이상 빌딩 방문 이용
○ 유명 글로벌 기업, 최고 수준의 VIP검진센터, PB센터,
　국내 주요 기업 등 국내외 유명 입주사로 구성

•글로벌 기업: Google, eBay, Nike, EMC,
Rolex, Fiat, Chrysler, Walt Disney, BAT 등

•PB센터: 미래에셋, 신한은행, 삼성생명, 시티은행,
국민은행, 한화투자증권 등

•국내 기업: 서울대학병원 VIP검진센터, 강원랜드,
KPMG(삼정회계법인), 네이버(라인플레이)

○ 단일 오피스 면적 기준 국내 최대 규모(약 64,000명)
○ 한국을 대표하는 최고의 프라임 오피스 빌딩 위상 확보
○ 국내(강남) 최고수준의 임·관리비 형성

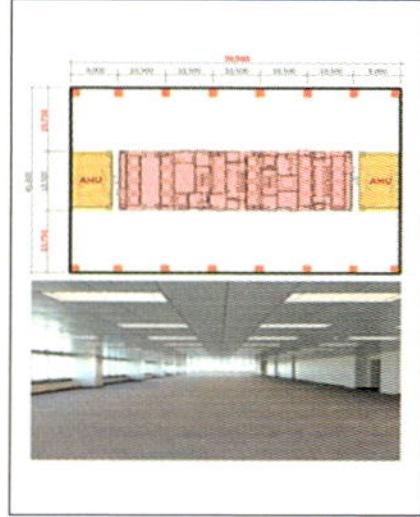

[표 9-3]
GFC 주요 설비 및
우수한 평면(Layout)

GFC 효과적인 Layout

○ 우주공간: 넓은 전용면적 및 다양한 공간 형성 가능
– 기준층 사이즈: 70mX45m
– 코어에서 커튼월까지 거리: 15.75m
– 천장고: 2.7m(S-T-S: 4.2m)

○ 전용 700평의 넓은 공간 제공
– A급 빌딩의 2~3개층 규모
– 1개층에 많은 인원과 공간을 구성할 수 있어 활용성 높음

○ CO2 센서 및 온도센서 설치
– 각 개별구역 내 'CO2 센서 및 온도센서' 설치
– 개별 공간의 상태를 파악하여 공조조절
– VAV 최적운영 시스템으로 쾌적한 업무 환경 제공

○ ASHRAE의 MERV 14등급 공조필터 사용
– 국제기준의 공조필터 사용으로 최상의 공기질 제공
– 입주사 유치 시 중요한 마케팅 요소로 활용

2) Pacific Tower

구, 미래와 사람들이 소유했던 사옥을 Carlyle Fund에서 저가로 매입하여 약 2년간 운영하였다. 주요 임대마케팅으로는 테헤란로의 주요 업종인 IT, 제조, 외국계 회사 위주로 진행하였으며, 1년 후 전체 공실을 해소하여 미래에셋맵스자산운용(현, 미래에셋자산운용)에 매각되었다(Carlyle Fund가 매각한 금액은 평당 1,030만 원이며, 미래에셋자산운용에서 이후 도화엔지니어링이 매입한 금액은 평당 1,700만 원 수준으로 5년간 평당 670만 원이 오른 셈이다).

주요 임차인으로는 NC Soft, 스카니아, 미쯔비시, 도시바, 세이코, GE, Qualcomm, Pioneer, Hyosung Capital, Manatech, Ford Sales, Seven Springs, MUSCUS, Illy Coffee 등으로 진행됐으며, 2011년 미래에셋에서 건물을 매입한 도화엔지니어링이 사옥으로 운영하고자 하여 좋은 임차인 유치로 성공적인 Stacking Plan을 가졌지만, Tenants들은 다시 마켓으로 되돌아갔다. 미래와 사람들 시절의 사옥 형태에서 Carlyle Fund, 미래에셋 펀드로 약 6년 정도 운영되다가 다시 사옥 형태로 건물의 운명이 바뀐 것이다. 중요한 것은 Carlyle Fund와 미래에셋펀드 시절에 우량 임차인 유치를 성공한 케이스이며, 임차인의 다양한 Needs를 구조적으로 어려운 빌딩 컨디션에도 불구하고 서비스로 해결했다는 것이다.

예를 들어, 주차문제, 엘리베이터 문제, 냉난방의 효율문제, 에너지추가확보문제, 변압기증설문제, 흡연공간, Retail 업체의 다양한 요구, 중·소형 임차에 대한 명도, 연체 문제 등 크고 작은 문제를 현장의 PM과 LM이 공유하여 대응해 나간 것은 비용보다는 서비스 측면이라고 말할 수 있다. 2013년 현재는 도화엔지니어링의 사옥으로 사용되고 있다. IMF 이후 사옥에서 투자용 오피스 빌딩으로 다시 사옥으로 10년간 다변화하는 부동산 시장의 한복판에 서 있던 빌딩이다.

  오피스 빌딩 임대자산관리 입문과 실무

3) 대륭강남타워

2004년 우리종금에서 빌딩을 소유하고 있었으며, 부실채권 형태의 매각 부동산으로 빌딩의 가치상승과 임차인 유치 등에는 다소 등한시했던 빌딩이다. 임차인의 구성도 약 15~20여 개 임차인의 크고 작은 규모로 이루어져 있었으며, 보증금 비율이 높거나 100% 전세로 임차한 경우도 있었다. 결과적으로 우리은행 측에서는 구, 우리종금 빌딩으로 공매 형식으로 시장에 내 놓았고, 대륭건설은 CBRE를 통해 매입대행 주관사의 의견과 건물의 가치 평가 등을 고려하여 840억 원에 낙찰을 받게 되었다. 이후 주요 임차인으로는 한국오츠카, LG생활건강, 노루표 페인트, 유미특허법인, KT렌탈, 농어촌특별대책위원회, 신용보증기금 등과 중ㆍ소형 규모의 임차인들로 구성되어 있었다. 이를 한 개의 대형 임차인인 포스코건설㈜로 명도와 신규 임차를 동시에 작업하였는데, 실질적인 명도 과정과 임차인 유치 작업에 상당한 시간과 열정이 소요되었다.

층	입주사	임대면적	전용면적
20	식당	261.49	118.50
19	강당	120.17	54.46
18	강당	378.82	171.67
17	LG투자증권	462.24	209.47
16	3개업체	462.24	209.47
15	노루표페인트	471.32	213.59
14	유미특허법인	514.89	233.33
13	(주)LG생활건강	514.89	233.33
12	한국오츠카	514.89	233.33
11	한국오츠카	471.32	213.59
10	신용보증기금	471.32	213.59
9	(주)KT랜탈	514.89	233.33
8	농어촌특별위원회	514.89	233.33
7	Vacant	471.32	213.59
6	(주)SAMS	514.89	233.33
5	휴먼리소스컨설팅	514.89	233.33
4	Vacant	514.89	233.33
3	(주)UKL렌탈	452.15	204.90
2	Vacant	355.10	160.92
1	Vacant	286.32	129.75
B1	진솔문고	911.02	412.84

층	임차인				임대면적 소계	공실면적	전용면적 (45.32%) 소계
20	포스코건설 261.49				261.49		118.51 261.49
19	포스코건설 120.17				120.17		54.46 120.17
18	포스코건설 378.82				378.82		171.68 378.82
17	포스코건설 462.25				462.25		209.49 462.25
16	포스코건설 462.25				462.25		209.49 462.25
15	씨엔에프캐피탈 49.4	디피아이 100.1	빌트원 138.6	월러스 134.4	422.5		191.48 422.5
14	포스코건설 514.89				514.89		233.35 514.89
13	포스코건설 514.89				514.89		233.35 514.89
12	포스코건설 514.89				514.89		233.35 514.89
11	포스코건설 471.32				471.32		213.60 471.32
10	포스코건설 471.32				471.32		213.60 471.32
9	포스코건설 514.89				514.89		233.35 514.89
8	신동아학원 129.09		농어업특별대책위원회 335.66		464.75		210.62 464.75
7	포스코건설 471.32				471.32		213.60 471.32
6	샘스 464.75				464.75		210.62 464.75
5	머서휴먼리소스컨설팅 464.75				464.75		210.62 464.75
4	포스코건설 514.89				514.89		233.35 514.89
3	포스코건설 452.15				452.15		204.91 452.15
2	포스코건설 355.1				355.1		160.93 355.1
1	포스코건설 286.32				286.32		129.76 286.32
B1	포스코건설 688.62		공실 167.03	케이티솔루션 55.35	743.97	167.03	412.87 911
B2	포스코건설 25.45				25.45		11.53 25.45
B3	포스코건설 77.2				77.2		34.99 77.2
B5	포스코건설 61.62				61.62		27.93 61.62
B6	포스코건설 10.27				10.27		4.65 10.27
TOTAL					9,502.22	167.03	4382.10 9669.25

[표 9-4] 대룡강남타워 Stacking Plan-2004년 기준

앞의 표에서 보는 바와 같이 임대수익형 오피스로 운영되어 오지 않았던 상황과 마켓의 임대차 형식이 보증부월세 또는 전세로 보증금의 비율이 상대적으로 높았고, 임차인의 임대차 계약도 2년 이내로 되어 있었다. 이러한 상황 속에서 건물주의 Needs는 임차인의 일부 명도가 일어날 경우 신규 임차를 진행하고 나머지는 그대로 두거나 재계약(100% 월세로 전환)을 진행하기를 원했다. 그러나 자산관리 전문 업체인 CBRE의 의지는 선진 금융그룹의 경험과 Know-How를 통해 성공적인 신규 임차인 유치와 빌딩의 자산가치를 극대화하는 노력을 수행했다. 이러한 결과 대형 우량 임차인인 포스코그룹의 포스코건설㈜을 임차할 수 있었으며, 대형 우량 임차인 유치와 함께 자산관리도 빠르게 진행되는 효과를 가져왔다. 대형 임차인이 이전함에 따라 각종 공용 공간의 서비스와 임차인 만족도를 높이기 위한 고민과 노력이 함께 이루어졌다. 사옥에서 처음으로 외부 임대 빌딩의 경험을 하게 되는 포스코건설㈜이나 아파트형 공장 분양 사업만 경험한 대룡종합건설의 경우 모두 어색하기는 마찬가지인 상황이었다. 이에 자산관리 전문 업체인 CBRE는 임차인의 만족도와 임대인의 유지관리 비용과 서비스 등을 접목시키는 상승 효과를 만들기 위해 꾸준한 노력을 기울이게 되었다.

최초 임대차마케팅을 통해 포스코건설㈜과 기타 여러 우량 업체 등을 건물주에게 제안했으며, 한 개의 우량 업체를 받기 위해서는 기존의 여러 업체를 명도해야 하는 위험을 감수해야 했기에 쉬운 결정은 아니었다. 또한, 기존 임차인의 명도를 완료한다고 했을 때, 포스코건설㈜이 입주하지 않겠다고 하면 그만인 상황이었기에 더욱 어려운 결정이 필요했다. 임차인 명도 상황을 지속적으로 설명받은 포스코건설㈜ 총무팀은 '대룡강남타워'의 이전을 사실상 포기하였다. 왜냐하면, 상층부 명도가 이루어지지 않을 경우 경영진의 입주가 불가능하기 때문에 임대차 계약이 무의미하게 될 것을 걱정했기 때문이다. 당시 인근의 랜드마크타워(대명건설)가 신축 예정 중에 있었기 때문에 다양한 러브콜을 포스코건설㈜ 측에 보내고 있었다. 한 가지 아쉬운 점은 건물주가 해당 빌딩을 개인들에게 개별 분양한 빌딩으로 구분등기로 개별 소유주가 너무 많다는 점이 포스코건설㈜로 하여금 선뜻 의사결정을 하기 어렵게 했다.

1차 명도에 대한 스케줄과 명도 이행 확약서라는 형식의 임차인 확약 날인 서류를 제시하고 포스코건설㈜의 이전 스케줄에 따른 LOI(Letter of Intent, 임차의향서)를 수령하고 그것을 통해 건물주와 기존 임차인의 명도에 박차를 가할 수 있었다. 1차 임차의향서 접수와 함께 총무, 경영지원 부서의 현장 답사 그리고 계약 조건 협의가 완료된 이후 실무 담당자(건축, 기술, 전기, 통신)들의 답사가 이루어졌다. 최종 협상의 가장 큰 난항은 기존 임차인의 명도와 신규입주 시기였으며, 포스코건설㈜ 측에서는 각 층별 부서 배치에 고민을 거듭하는 상황이었다. 이를 통해 우리가 간접 경험할 수 있는 것은 해당 부서의 면적 배분에 따른 층 배분과 아직 명도가 끝나지 않은 공간에 따른 추가 이전 문제 등이 남아 있었다. 그러나 가장 중요했던 상층부 명도를 이전 결정 직전에 해결함으로써 큰 산은 넘은 상태로 프로젝트를 이어 갈 수 있었다. 이후 크게 부각된 것은 바로 공용시설물에 대한 이용이었다. 로비와 외부 간판 문제…. 로비의 경우 대형 미술품이 전시되어 있었고, 외부 간판의 경우 대륭건설 건물주가 "대륭"이라는 글자를 건물 상단에 크게 붙이려는 욕심을 해결해야 하는 문제가 남아 있었다. 로비의 경우 건물 전체를 사용하는 임차인에게는 공용 공간으로 이해되지만, 임대인의 경우 1층의 상당 부분을 Retail로 임대를 줘야 하는 상황이었기에 서로 합의를 찾는 것이 쉽지 않았다. 넓은 포스코그룹 본사의 경험을 이곳 대륭강남타워에서도 느낄 수 있도록 해 주어야 했다. 결과적으로 로비를 저렴하게 임차하는 형식으로 상가의 입점을 막았고, 2층의 경우 임차인 전용 라운지(휴게실), 접견실로 활용할 수 있게 되었다. 상층부 강당의 경우는 간헐적 이용에 따른 사용 요금 시스템보다는 상시 사용하는 조건으로 기존 임대료의 50% 할인된 금액으로 임대차 계약이 마무리되었다. 이제 남은 것은 외부 간판…. 건물 외부 간판의 경우 법적인 제한 요인도 있지만, 대부분의 건물주의 경우는 건물의 구조적인 안전과 건물 손상의 염려와 자신의 빌딩에 대한 빌딩명 및 기업명을 부착하고자 하기 때문에 외부 간판은 가급적 승인하지 않는 경우가 많다. 대륭강남타워의 경우도 대륭종합건설의 기업 확장에 대한 외부 홍보에 중요한 매체로 활용할 가치가 충분하였기 때문에 외부 간판은 "대륭"이라는 Sign만 넣고 싶어 했다. 이러한 것을 적극 중재하여 네온사인 형태 등도 거론되었으나 결국은 상단부에 한쪽씩 sign을 넣고 하단부는 모두 임차인의 Sign을 넣는 것으로 최종 결론을 도출했다.

기존 임차인의 명도, 대형 신규 임차인 유치, 외부 간판, 임대료 인상, 임차인의 공용 시설물 이용 등 다양한 요구 사항에 대한 협의가 5년 임대차 계약 기간 동안 지속적으로 협의되었고, 임차인과 PMC와의 좋은 Relationship으로 이전 10개월 전에 이전에 대한 스케줄을 파악할 수 있었다. 이를 통해 포스코건설㈜의 송도 이전과 동시에 '삼성물산'과 '현대글로비스'라는 우량 임차인을 유치할 수 있었고, 1층 투썸플레이스와 지하 비바루체 패밀리 레스토랑도 성공적으로 임차하였다.

층	Total	임대면적	공실면적	Tenant(Expire Date)			
	전용면적	전용면적	전용면적	Rant Area			
20F	264.73		264.73	대릉종합건설			
	119.71	0.00	119.71	264.73			
19F	301.73	20.88	280.85	대릉종합건설		크리애드컴	리앤리어드 바이저스
	136.44	9.44	127.00	280.85		10.59	10.29
18F	421.75	421.75	0.00	글로비스			
	190.72	190.72	0.00	421.75			
17F	469.53	469.53	0.00	글로비스			
	212.32	212.32	0.00	469.53			
16F	469.53	469.53	0.00	글로비스			
	212.32	212.32	0.00	469.53			
15F	478.63	478.63	0.00	글로비스			
	216.44	216.44	0.00	478.63			
14F	522.29	522.29	0.00	글로비스			
	236.18	236.18	0.00	522.29			
13F	522.29	522.29	0.00	글로비스			
	236.18	236.18	0.00	522.29			
12F	522.29	522.29	0.00	글로비스			
	236.18	236.18	0.00	522.29			
11F	478.63	478.63	0.00	삼성물산			
	216.44	216.44	0.00	478.63			
10F	478.63	478.63	0.00	삼성물산			
	216.44	216.44	0.00	478.63			
9F	522.29	522.29	0.00	삼성물산			
	236.18	236.18	0.00	522.29			
8F	522.29	522.29	0.00	삼성물산			
	236.18	236.18	0.00	522.29			
7F	478.63	478.63	0.00	삼성물산			
	216.44	216.44	0.00	478.63			
6F	522.29	522.29	0.00	삼성물산			
	236.18	236.18	0.00	522.29			
5F	522.29	522.29	0.00	삼성물산			
	236.18	236.18	0.00	522.29			
4F	522.29	522.29	0.00	삼성물산			
	236.18	236.18	0.00	522.29			
3F	459.84	459.84	0.00	삼성물산			
	207.94	207.94	0.00	459.84			
2F	362.58	362.58	0.00	삼성물산			
	163.96	163.96	0.00	362.58			
1F	203.26	203.26	0.00	씨제이푸드빌			
	91.91	91.91	0.00	203.26			
B1F	912.92	912.92	0.00	매직웨딩라루체	(주)케이티네트웍크		
	412.82	412.82	0.00	882.66	(11-12-31) 30.26		
임대 면적외	153.93	153.93	0.00	매직웨딩라루체 (B2)	매직웨딩라루체 (B7)	글로비스 (B5)	글로비스 (B5) / CJ푸드빌 (B4)
	153.93	153.93	0.00	25.55	93.38	6.0	29.0 / 6.0
Total	9,958.71	9,413.13	545.58	* 총 임대가능면적 : 9.958.71, 임대면적외 : 159.93py			
%	100.00%	94.52%	5.48%	* 공실면적 : 545.58py, 공실율 : 5.48%			

[표 9-5] 대릉강남타워 Stacking Plan-2014년 기준(2017년 현재는 대릉과 삼성전자가 사용)

2017년 상반기 현재, 삼성물산의 판교 알파돔 이전과 현대 글로비스의 이전으로 건물 전체 90%의 오피스 공실 발생이 예정되었으나 삼성전자와의 임대차 계약을 통해 다시금 100% 임대 완료를 이루어냈다. 중요한 것은 대형 임차인 유치에 따른 Risk도 있었으나 "포스코건설->삼성물산, 현대 글로비스, 삼성물산->삼성전자"라는 우량 Anchor Tenant 유치로 대형 임차인의 Needs에 맞는 대형 공실과 적정 임대료를 통한 임대마케팅의 성공이라고 볼 수 있다.

4) 대륭서초타워

대륭서초타워는 두루넷 사옥에서 Carlyle Fund의 소유로 그리고 다시 대륭종합건설㈜로 매매가 이루어진 빌딩이다. 두루넷 시절에는 상층부를 두루넷이 사용하며, 기업이 어려워지자 사옥을 매각한 형태였다. 이러한 경우 사옥 시절에 대한 향수와 관리에 대한 다양한 경험을 가지고 있는 이전 소유자의 간섭으로 관리 운영에 어려움을 겪는 경우가 많다. Carlyle Fund가 건물을 소유한 이후 두루넷의 임차 면적은 지속적으로 줄어들었고, IT 및 벤처 업체의 임대를 원하지 않았던 소유자의 성향으로 인해 국내 대기업(생명보험, 화재보험)을 유치시켰으며, 국내외 우량 제조업체를 유치하는 데 성공했다. 일본의 유통 화장품 1위 업체인 DHC Korea와 Skin Food(전, 피어리스 화장품) 그리고 외국계 반도체 회사 등도 입점하였다. 현재, Skin Food는 가장 오래된 우량 임차인으로 자리매김을 하고 있다. 어려운 환경 속에서 대륭서초타워에 입점하여 기업이 성장하는 좋은 사례이다.

지하 Retail의 경우도 매점, 분식점 등 소규모 음식점으로 난립했던 것을 Business Center로 오피스 형태를 띤 소호 벤처 사무실을 운영하도록 했으며, 깔끔한 관리와 운영으로 임차인의 만족도를 높이고 있다.

지하 Retail의 경우도 매점, 분식점 등 소규모 음식점으로 난립했던 것을 Business Center로 오피스 형태를 띤 소호 벤처 사무실을 운영하도록 했으며, 깔끔한 관리와 운영으로 임차인의 만족도를 높이고 있다.

5) 삼성생명 역삼빌딩(구, KTB Networks빌딩)

과거 진솔문고 빌딩이라는 이름으로 더욱 알려진 건물로 KTB Networks에서 AON(국내 부동산 펀드)를 거쳐 삼성생명자산운용에 매각되기까지 다양한 임차인 활동이 일어났다. 건물의 규모와 형태로는 강남대로에서 가장 좋은 주차 공간과 넓은 사무실 공간을 가진 장점이 많은 빌딩이다. 그러나 낮은 전용률(45% 이하)과 기둥, 낮은 천장높이, 바닥에 깔려 있지 않은 OA Floor 등이 임차인의 눈높이를 맞추기에는 임대료가 상대적으로 비싼 건물 취급을 받았다. 그러나 국내외 우량 임차인 유치를 통해 안정적인 임대 수입이 가능하도록 했다. 단, 건물의 Anchor Tenants가 없다는 점이 마케팅에 얼마나 많은 시간을 쏟아야 하는지를 극명하게 알려준 빌딩이기도 하다. 바로 옆의 대륭강남타워에 입점한 포스코건설로 인해 추가 공실이 나올 경우 포스코건설이 우선 임차하였으며, 2014년 현재는 공실 발생의 경우 현대글로비스와 삼성물산이 덤으로 사용해 주는 혜택을 받고 있다. 결과적으로 인접 쌍둥이 빌딩에 있는 우량 Anchor Tenants로 인해 가장 수혜를 많이 받는 빌딩이 되었다. 대형 임차인의 유무가 건물의 흥망성쇠를 좌우하는 경우가 바로 이러한 사례라고 볼 수 있다. 크고 작은 공실이 빈번하게 발생하고, 임대료는 지속적으로 상승하고, 건물에는 활기찬 분위기가 다소 낮다는 것이 바로 우량 대형 임차인의 부재라고 볼 수 있다.

6) Prudential Tower

2000년대 초반, IBM은 군인공제회로 10년 장기 임차를 진행하였다. 당시 임대료는 평당 3만 원 수준으로 시장 임대가보다 현저히 낮은 가격에 안정적인 임차인 유치를 성공했다는 희망적인 메시지가 시장에 회자되었다. 당시 임차보다는 사옥 매입으로 미래를 예측했던 대표적인 외국계 기업이 바로 HP와 Prudential생명이다. HP의 경우 평당 600만 원대에 IMF로 어려움에 겪고 있던 고려증권 빌딩을 매입했다. Prudential생명의 경우 과거 두산중공업 빌딩을 평당 500만 원대에 매입하였다. 외국계 회사가 한국에 사옥을 매입하는 일은 승인을 받기가 상당히 어렵다. 그러나 대표적인 두 개의 기업은 전문가적인 판단으로 투자에 성공한 사례로 볼 수 있다. 최근 HP는 경영난을 극복하기 위해 사옥을 평당 1400만 원대에 매각했다. 시세 차익(Capital Gain)만 무려 평당 800만 원에 가까운 수익을 거둔 셈이다. Prudential Tower의 경우도 만약 현재 매각을 진행한다면 평당 1900만 원 정도는 충분히 받을 수 있을 것이다. 만약, 매각 후 Prudential생명이 임대차를 10년간 진행해 준다면 매각 가격은 2000만 원을 훌쩍 넘어설 것이다.

2000년대 초반 사옥을 매입한 푸르덴셜 생명은 상층부를 사용하고 나머지 공간은 외부 임대를 진행했다. 임차조건도 무지 까다로웠다. 기업의 이미지와 맞지 않은 경우는 임대차 계약을 체결하지 않았다. 예를 들어 노조가 있는 기업이라든지, 품위가 유지되지 않는 복장을 착용하는 기업(반

오피스 빌딩 임대자산관리 입문과 실무

바지와 슬리퍼를 편하게 이용하는 Game 업체 및 Soft Ware 개발 업체는 절대 불가였음) 등 젠틀맨만을 위한 사무 공간을 제시하는 것이었다. 2000년대 초반 IT업체의 붐이 일었음에도 푸르덴샬 사옥은 수혜받기를 거부했다. 결과적으로 외국계 회사 유치와 국내 우량 기업의 유치를 위해 상당한 시간을 할애했으며, 현재 삼성엔지니어링, 삼성전자, LG계열사 등 우수 기업들이 임차를 진행했다.

7) 안제타워

안제타워는 재미교포 사업가의 임대수익형 빌딩으로 건축되었다. 건물의 규모는 작았지만 테헤란 대로변에 아담하게 한 개 층을 사용하기에는 안성맞춤형 임대 빌딩이다. 전용 면적이 78.95평으로 소규모 임차인이 대형 빌딩의 일부를 분할하여 사용해야 하는 불편함보다는 1개 층 단위로 임차하여 효율적인 업무 진행이 가능한 건물이다. 준공 1년 전부터 마케팅이 진행되었으며, 국내 로펌, 교보생명, 라이나생명, 삼성생명 등 우량 생보사의 임차와 대기업 서울지사 등도 입주하였다. 빌딩의 규모가 작기 때문에 주차 공간이 100% 기계식으로 운영된다는 점이 단점이었지만, 대형 차량도 진입할 수 있는 주차 공간 제공과 운영의 묘를 살려 임차인의 불편을 최소화하였다. 내부에 기둥이 전혀 없다는 장점과 고층부의 좋은 View는 빌딩을 상품화하기에 충분했다. 현재, 빌딩의 매각 가치 또한 준공 당시보다 약 30%~50% 이상 인상되는 가치 상승이 이루어졌다. 결과적으로 양질의 임차인 유치와 건물주의 빌딩에 대한 관심과 관리로 규모에 비해 우량 임차인의 이탈이 최소화되는 긍정적인 운영이 이루어지고 있다.

8) STX타워

일반적으로 임대대행 업무는 준공(전) 최소 1년 전부터 시작한다. STX 빌딩의 경우도 현장 CM 사무소와 함께 컨테이너 박스를 임대하여 현장 임대 오피스로 운영했다. 건물의 준공 시점이 다가오는 준공 6개월 전부터는 기준 층의 일부 공간을 임대 오피스로 운영하여 임차인의 방문을 유도하고 빌딩에 대한 관심을 높였다. 도심을 포함하여 강남과 여의도 전 지역의 주요 임차인에게 빌딩 안내 자료가 송부될 수 있도록 하였으며, 주요 임차인의 현장 방문 시 임대 관리자도 책임자급이 직접 현장 설명을 진행했다. 준공 전 빌딩 안내는 현장의 모습도 중요하지만, 임대 관리자의 전문적인 설명이 임차 유치에 주요한 역할이 된다.

[표 9-6]
STX 타워 건축개요

구분	내용
공사명	양동구역 제2지구 도시환경개선사업빌딩 신축공사
주 소	서울시 중구 남대문로5가 631번지외 49필지
대지면적	1,644.21평
연면적	20,365.46평
규모	지하 6층 / 지상 23층
공사기간	2003.12 – 2006.12
용도	업무시설 / 근린생활시설
건축주	코람코자산신탁
설계/감리자	㈜한길 종합건축사사무소
건폐율	39.21%
용적율	747.07%

건축물 높이	97.25m
기준 층고	4.05m
기준층 천정고	2.60m
승강기	승객용 8대, 비상용 2대, 에스컬레이터 2기
주차장	493대
기타	지하1층 633.32평은 관리처분계획상 대물분양

건물의 실사용자가 개발 초기부터 확정되어 있어, 저층부다른 빌딩과 다르게 중간의 2개 층을 Buffer Zone을 주어 임대차를 진행하였다. 향후 Anchor Tenants의 확장을 고려하여 고층부와 저층부의 대형 임차인의 임대차 기간을 5년으로 진행하였으며, 중간의 2개 층의 경우 단기 임대차 기간인 2년으로 계약을 진행하였다. 실제로 준공 1년 후 STX의 확장으로 1개 층의 추가 공간이 필요하게 되었고, 중간의 단기 임차인의 중도 해지로 대형 임차인의 외부 유출을 방지할 수 있었다.

< 고층부 >

> 건물의 최고 권위적인 상징과 Good View 그리고 기업의 이미지를
  극대화할 수 있는 공간을 "STX"에서 사용하도록 함
> 고층부를 우선 배치함에 따른 신규임차인 유치에 어려움이 있을 수
  있으나 추후 건물 소유자로서의 상징성을 높혀 임차인 유치를 극대화 함

< 중층부 >

> 1~2개층의 Buffer Space를 두어 기타 임차인의 추가 사용공간 수요에 대하여
  대비함

< 저층부 >

> 저층부의 경우 다소 인원이 많아도 기업 신용도가 높은 기업을 유치함.
> 다양한 임차인 Mixing을 통하여 대기업 또는 유망한 IT업체들을
  중심으로 층별 분할 임차 진행.
* 시장 상항에 맞추어 우량 Tenant를 기준으로 하나에서 두개 정도의
  대형 임차인 구성도 추가 고려함

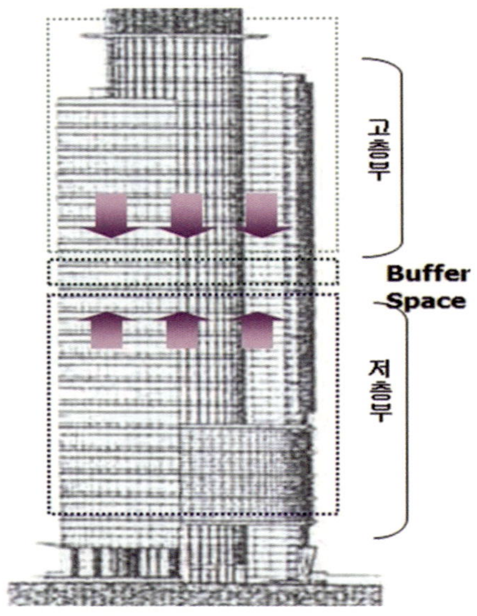

[그림 9-1] Tenants Mix plan

    오피스 빌딩 임대자산관리 입문과 실무

임대 진행은 다양한 임차인 구성도 중요하지만, 대형 우량 임차인의 유치에 더욱 주력하였다. 결과적으로 PWC(삼일회계법인)의 10개 층 임대가 계약이 이루어졌다. 임대대행 마케팅을 통해 하니웰, 웅진그룹, 한국일보, 아디다스 등등 수많은 임차인의 현장 방문과 미팅을 갖고 건물의 시장성을 마켓에 알렸다. 이러한 결과로 삼일회계법인에게는 경쟁적인 상황을 인식하게 되었고, 임대차 협의 시에도 임차인과 임대인 모두에게 전략적인 성공 결과를 도출할 수 있었다.

2010년 PWC(삼일회계법인)은 용산 LS전선빌딩(구, 국제빌딩)으로 다시 이전하였으며, STX의 기업규모 축소로 잔여 면적에 외국계 회사와 국내 우량 임차인으로 임대차 운영관리되고 있다.

9) 시그니처타워

[그림 9-2]
시그니처타워_
Ascendas 소유

빌딩명 : 시그니처 타워
주소 : 서울시 중구 수표동 88-1번지
지하철역 : 2& 3호선 을지로3가역 도보 10분
연면적 : 30,248 평
규모 : 17F/B6
준공년도 : 2011년 8월
냉난방 : 중앙냉난방
전용률 : 약 54.50%
기준층 임대면적 : 약 854.97 평
기준층 전용면적 : 약 465.96 평
제안 층부 : 8~17층 (10개층)
총 주차대수 : 436대

2010년 이후 신축 빌딩의 공급이 시작되면서 가장 빠른 시점에 준공된 시그니처타워는 외국계 투자자들이 개발 단계에서 출자하여 준공한 오피스 빌딩이다.

건물 신축 1년 전부터 임대마케팅을 진행하였으며, 주변에 센터원 등 신축 빌딩의 공급이 꾸준한 상황 속에서 임대차 업무 진행에 상당한 어려움을 겪었다. 주요한 임차인으로는 1층 현대자동차와 아모레퍼시픽, 에뛰드, 이니스프리, 금호석유화학, 주식회사 동양, 일렉트로룩스코리아㈜,

오피스 빌딩 임대자산관리 입문과 실무

금호미쓰이화학㈜ 등이 입주했다. 임대차 계약이 90%를 넘기까지 총 1년 정도의 시간이 필요했으며, 이는 주변 빌딩에 비해 상당히 빠른 시간에 결과를 도출한 성공적인 사례라고 볼 수 있다.

아모레퍼시픽의 경우 입주로부터 1년 전에 임대차 계약을 완료하여 임대인에게 안정적인 자산운용 계획을 세울 수 있도록 해 주었다. 또한, Anchor Tenants로서 건물 내부에 추가 공실이 발생할 경우 지속적인 확장으로 공실을 해소해 주었다. 향후 사옥 신축에 따른 용산 입주가 예정되어 있지만, 건물주로서는 충분한 마케팅 기간을 활용할 수 있으며, 신규 마케팅을 통한 우량 임차인 유치에도 준비가 가능할 것이다.

10) KT&G대치타워

KT&G에서 담배창고 및 일부 오피스로 활용되던 테헤란로의 이면도로 부지를 오피스로 신축 개발한 프로젝트이다. 본 건의 경우 상업용 빌딩(상가 전용)으로의 계획과 오피스 빌딩으로의 계획으로 개발 단계에서부터 전문 컨설팅을 의뢰하여 진행한 프로젝트이다.

최초 1단계에서는 상가 건물로 활용하는 안이 주요했으나 강남의 오피스 공급 추이와 임차인 수급, 건물의 장기적인 활용도 등을 따져볼 때, 오피스로 건축하는 안이 최적이라는 아이디어에 공감하여 건물주와 컨설팅 업체 그리고 자산관리 전문가의 확신으로 업무가 진행되었다.

　결과적으로 임차인 수급과 우량 외국계 임차인의 입주를 도출해 냈으며, 경영자들의 운영관리에도 최적의 상품이 되었다.

[그림 9-3]
KT&G 대치타워
임대마케팅

내용

2008년 KT&G에서 수익 사업을 목적으로, 대상부지에 대한 Retail or Office 개발에 대한 1차적인 Consulting을 CBRE에 의뢰함. CBRE는 오피스 개발을 적극 유도하여 2011년 준공 전 100% 임대차 완료함.

시공은 한진 건설에서 진행하였으며, Global Tenant를 Target 선정하여 성공적으로 임대 완료한 사례임.

결과

삼성역 인근에 호텔, 쇼핑몰 등 최적의 인프라가 구축되어 있고, 접근성이 매우 양호한 점을 감안하여 "외국계 회사 및 국내 대기업"을 Target으로 임대마케팅을 진행함. 주요 임차사로는 혼다 코리아(2개층), 펩시 코리아(1개층 일부), 바슈롬 코리아(2개층 일부), 다케다 제약(2개층) 등 외국계 임차인과 지점 통·폐합 이슈가 있는 메트라이프 생명(4개층) 등이 입주하여 사용중.

KT&G 대치타워

　1차 마케팅 대상을 외국계 회사로 잡았으며, 외국계 회사들이 선호하는 기준 층의 넓은 바닥 면적과 신용도가 높은 우량 임대인 소유의 빌딩을 설명하였다. 펀드나 리츠 소유의 빌딩에 비해 임대료 지출의 안정성과 소유권의 변화 가능성이 낮은 것도 임차인의 선택 가능성을 높였다.

KT&G 대치타워

층	입주사			임대 면적	전용 면적
14F	펩시	KT&G 복지재단	바슈룸	492.1	271.0
13F	바슈룸			491.7	270.7
12F	다케다제약			491.7	267.2
11F	혼다코리아			491.2	266.9
10F	혼다코리아	킹스맨코리아		490.8	266.6
9F	삼성엔지니어링			490.0	269.5
8F	삼성엔지니어링			489.5	269.3
7F	삼성엔지니어링			489.1	269.0
6F	메트라이프생명			488.7	268.7
5F	메트라이프생명			488.3	268.4
4F	메트라이프생명			487.8	268.1
3F	메트라이프생명			456.9	247.9
2F	정관장			309.2	151.0
1F	카페베네	편의점		90.7	59.5

층	입주사			임대 면적	전용 면적
14F	펩시	KT&G 복지재단	바슈롬	492.1	271.0
13F	바슈롬			491.7	270.7
12F	다케다제약			491.7	267.2
11F	혼다코리아			491.2	266.9
10F	혼다코리아	킹스맨코리아		490.8	266.6
9F	다케다제약			490.0	269.5
8F	한국 코렐			489.5	269.3
7F	인튜이티브서지컬코리아			489.1	269.0
6F	메트라이프생명			488.7	268.7
5F	메트라이프생명			488.3	268.4
4F	메트라이프생명			487.8	268.1
3F	메트라이프생명			456.9	247.9
2F	정관장			309.2	151.0
1F	카페베네	편의점		90.7	59.5

[표 9-7] KT&G 대치타워 Stacking Plan-2014년 기준

주요 임차인으로는 바슈롬코리아, 다케다제약, 혼다코리아, 펩시, 킹스맨코리아 등이 있으며, 국내 회사로는 삼성엔지니어링이 입주하였다. 준공 후 2년이 지난 시점에서 삼성엔지니어링의 강동구 사옥 이전으로 발생한 공실의 경우도 공실 발생 3개월 이내에 다케다제약, 한국코렐, 인튜이티브서지컬코리아와 신규 임대차 계약을 마쳤다. 마켓에서 받아들일 수 있는 적정 임대료 산정과 마케팅이 주요한 성공 요인으로 작용한 사례라고

오피스 빌딩 임대자산관리 입문과 실무

볼 수 있다. 이러한 결과로 KT&G와 지속적인 우호 관계를 유지할 수 있었으며, 장기적으로 전략적인 투자 파트너 및 자산운영 및 관리자로 역할을 수행할 수 있게 되었다.

11) KT&G서대문타워

[그림 9-4]
KT&G 서대문타워
임대마케팅 Plan

내용

KT&G에서 수익 사업을 목적으로 기존 부지에 Office 개발을 계획하였으며, 계획 초기 단계부터 도면 및 내부 시설에 대한 Consulting에 CBRE가 참여함.

시공은 롯데건설에서 진행하였으며, 국내 대기업 및 로펌을 Target으로 선정하여 주변의 열악한 환경에도 불구하고 성공적으로 100% 임대 완료한 사례임.

결과

도심으로 접근성이 매우 양호하며, 한개층 바닥면적이 넓고 빌딩 내 많은 휴식공간이 조성되어 있는 점을 감안하여 "국내 대기업 및 로펌"을 Target으로 임대마케팅을 진행함. 주요 임차사로는 농협중앙회(4개층), NH생명화제(5개층), 법무법인 지평지성(3개층) 등으로 100% 임대 계약 완료함.

서대문타워의 경우 삼성동의 성공적인 사례를 중심으로 곧이어 개발

KT&G 서대문타워

층	입주사			임대면적	전용면적
14F	범부처 신약개발사업단		농협중앙회	716.91	354.49
13F	NH생명화재			826.10	408.48
12F	NH생명화재			806.09	398.59
11F	NH생명화재			785.98	388.64
10F	법무법인 지평지성			765.89	378.71
9F	법무법인 지평지성			746.59	369.16
8F	법무법인 지평지성		KB생명	739.57	365.69
7F	NH생명화재			732.54	362.22
6F	NH생명화재			725.52	358.75
5F	ACE손해보험			718.44	355.25
4F	농협중앙회			711.35	351.74
3F	농협중앙회			704.18	348.20
2F	농협중앙회			489.90	204.96
1F	할리스커피	GS 25	정관장	277.04	136.99

[표 9-8] KT&G 서대문타워 Stacking Plan-2014년 기준

한 프로젝트로 주변의 오피스 신축 공급이 늘어나는 상황 속에서 경쟁적 인 빌딩 임대차 시장에서 우량 임차인 수급을 성공한 사례이다. 서대문타 워의 경우 인근의 에이스타워, 임광빌딩 등의 기존 빌딩과 구세군회관,

Northgate Building, 미근동 Office 빌딩, Central Place의 신축 빌딩 등이 임차인 수급에 경쟁적인 상황 속에서 빌딩 공급이라는 위험을 감수한 프로젝트이다. 주요 대상은 로펌과 생명보험사 및 도심에서 임대료 부담을 느끼는 우량 임차인을 대상으로 마케팅하였다.

결과적으로 인근에 있는 NH농협중앙회와 계열사인 NH농협화재보험, 법무법인 지평지성과 KB생명이 입주하면서 상업용 부동산의 성공 개발 투자 상품이 되었다.

준공 전 80%의 임대차 계약을 진행하였으며, 준공 후 3개월 이내에 건물 천체 임차인 수급을 마친 성공적인 사례로 볼 수 있다. 자산가치는 공급 당시에 비해 약 1.5배 정도 상승하였으며, 사 옥 및 투자 상품으로 마입을 희망하는 기업과 투자회사들이 나타나고 있으나 건물주로서는 우량 상품을 매각할 상황이 아니다.

12) 풍산빌딩

신한BNP파리바에서 수익형 부동산으로 오피스 빌딩을 개발 단계에서 투자한 상품으로, 임대마케팅을 진행하던 중 풍산산업으로부터 사옥으로 매각을 진행한 사례이다. 신한BNP의 경우 임대 Risk를 해결하고 동시에 매각에 대한 Capital Gain을 얻을 수 있는 기회가 되었으며, 풍산산업의 경우는 사옥형 임대 오피스를 운영하려는 계획을 진행할 수가 있었다.

주요 임차인으로는 풍산산업이 상층부를 사용하고, 중 · 저층부는 외부

[그림 9-5]
풍산빌딩
임대마케팅 Plan

내용

신한BNP파리바에서 수익 사업을 목적으로 마포로 4-1지구에 Retail & Office를 개발 하였으며, 사옥으로 사용하기 위해 빌딩 매입을 검토 중인 풍산에 빌딩을 매각함.

결과

상층부는 풍산(4개층)이 입주하여 사옥으로 사용중이며, 외국계 우량 임차인을 Target으로 임대 마케팅을 진행하여 LEE INTERNATIONAL IP&LAW GROUP(2개층), SIEMENS(8개층)과 계약 체결 환료함.

에 임대마케팅을 진행했다. 강남 역삼동에 10년이 넘는 기간 동안 외부 임차 빌딩에 상주하던 독일의 지멘스(SIEMENS)의 경우 신규 M&A로 기업을 인수하여 확장성을 가지고 있었으며, 강남의 높은 임대료와 너무 많은 곳에 산발적으로 흩어져 업무를 진행함으로서 발생하는 비효율성을 높이기 위해 단독 건물로 이전하려는 수요가 발생했다. 또한, 적정한 임대료 수준도 중요했다. 이러한 이유로 강남에서 서대문으로 이전한 우량 기업이 되었으며, 풍산산업의 경우도 우량 임차인의 장기 계약으로 자산운영에 큰 도움을 받아 임대인과 임차인 모두에게 Win-Win이 된 성공적인 사례이다.

풍산빌딩

층	입주사	임대면적	전용면적
16F	풍산	648.98	354.29
15F	풍산	661.60	373.26
14F	풍산	650.55	355.24
13F	풍산	664.66	375.12
12F	LEE INTERNATIONAL	655.86	358.48
11F	LEE INTERNATIONAL	670.76	378.85
10F	SIEMENS	661.97	362.21
9F	SIEMENS	676.87	382.57
8F	SIEMENS	668.08	365.93
7F	SIEMENS	682.99	386.30
6F	SIEMENS	674.19	369.65
5F	SIEMENS	689.09	390.02
4F	SIEMENS	680.29	373.38
3F	SIEMENS	497.79	272.68
2F	KDB산업은행	236.57	56.04
1F	KDB산업은행	620.20	168.33

[표 9-9] 풍산빌딩 Stacking Plan-2014년 기준

13) 잠실 롯데캐슬 골드타워

잠실에 오랫동안 준공이 늦어졌던 오피스, 아파트, 쇼핑센터의 주상복합 빌딩으로 2005년 준공된 빌딩이다.

[그림 9-6]
잠실 롯데캐슬 플라자
임대마케팅 Plan

내용

- 롯데쇼핑에서는 지금까지 백화점 및 마트 등 Retail에 중점을 두고 사업을 진행하였으나 사업 다각화에 의해 처음으로 오피스 임대를 진행하고자 함

- 이에 건물 준공 전에 1년 6개월의 기간동안 오피스 Leasing뿐만 아니라 건물 준공전에 오피스 임차인들이 요구하는 사항들에게 다각적인 요구사항 등을 반영하고자 CBRE를 선정하였음

- 2주마다 시행사와 시공시간의 회의에 참가해 오피스 구성에 관한 여러가지 제안(사무실 층고 상향 조정, 화장실수 증설, Access Floor설치, 전력량 증설, 내부 마감제 선택 등)을 실시하여 성공적으로 프로젝트를 성공하였음

Lease up schedule

(준공전)	8개월	6개월	4개월	3개월	1개월
Proposal(LOI포함)	30%	70%	90%	100%	100%
Actual(LOI포함)	11%	100%	100%	100%	100%
Actual(계약현황)	0%	0%	89%	89%	100%

건물의 주요한 공간은 아파트로 구성된 Two Tower 아파트이다. 주상복합 고급 아파트로 대형 평수로 분양된 두 개의 건물과 중간에 오피스가 있으며, 저층부와 지하는 쇼핑몰로 구성된 복합 빌딩으로 사무 공간의 Layout과 효율은 상당히 떨어졌다. 천장 높이가 2.4m로 일반 오피스에 비해 0.2~0.3m가 낮아 우량 임차인을 수급하는 데 어려움을 겪었다.

주요한 것은 당시 사옥 유동화에 대한 검토를 진행하던 KT와 KTF 등에 대한 시장의 움직임이 있었고, 이에 외국계 회사에 대한 Target Marketing과 국내 대형 우량 임차인에 대해서도 집중하였다. 그 결과 신한은행과 우리은행이 1층에 각각 점포를 개설하였으며, KTF가 테헤란로에서 잠실로 이전하는 성과를 올릴 수 있었다. 전체 임대 면적 14,834/3.3㎡으로 대형 우량 임차인을 한 번에 입주시킨 성공적인 임대 마케팅 사례이다. 준공 시 오피스 바닥에 OA Floor가 깔리지 않았으며, 오피스 빌딩으로의 준비가 미약했다. 그러한 설계를 전문가들의 요청과 지적으로 OA Floor를 깔고 내부 Layout의 효율을 높일 수 있도록 건물주와 다양한 협의를 진행했다.

14) POBA Tower(구, 파로스타워)

[그림 9-7]
POBA Tower
임대마케팅 Plan

내용

SK Group차원에서 수익 사업을 목적으로 기존 부지
에 Office 개발을 계획하였으며, 준공 후 3개월 이내에
100% 임대 환료하였음. 이를 계기로 평당 1,600만원
~1,730만원 수준이었떤 매각가가 평당 1,930만원으
로 상승 하는 효과를 가져왔음. 임차인의 구성이 오피
스 가치 상승에 중요한 지표가 되었음을 알려주는 중요

한 사례가 될 수 있음. 시공은 Sk건설에서 진행하였으
며, 외국계 회사를 Target으로 선정하여 성공적으로
임대 완료한 사례임.

결과

한 개층 바닥면적이 넓고 지하철 7호선 강남구청역
이 지하로 연결되어 있는 점을 감안하여 "외국계회사"
를 Target으로 임대마케팅을 진행함. 주요 임차사로
는 GE(5개층), Qualcomm CDMA(3개층), Ralph
Lauren(2개층), Fossil Korea(2개층), Huvis(2개
층) 등으로 100% 임대 계약 완료함. GFA 13,470py

Pharos Tower

층	입주사		임대면적	전용면적
20F	Fossil Korea		411.65	232.93
19F	Ralph Lauren		1,086.27	614.68
18F				
17F	Qualcomm CDMA		2,104.98	1,191.12
16F				
15F				
14F	Fossil Korea		708.34	400.82
13F	SK D&D	Lin Tech	698.33	389.19
12F	Huvis		1,406.66	795.97
11F				
10F	GE		3,119.28	1,760.11
9F				
8F				
7F				
6F	GE	SK D&D	402.38	221.02
5F	ECO MKTG	Johnson	698.32	389.19
4F	SK D&D		684.36	387.25
3F	Emerson		669.27	378.71

[표 9-10] POBA Tower Stacking Plan-2013년 기준

15) 정동빌딩

[표 9-11]
정동빌딩 주요
투자 성공 사례

1. 낮은 천정고, 조밀한 기둥 등의 약점 존대
2. 친환경적인 입지와 높은 용적률이라는 강점 존재
3. 성공적인 임대를 위해 준공 1년 전부터 마케팅 개시
4. Face-rent: 월 임대료 83,000원/평
　　　　　　　 관리비 33,000원/평

위치		서울시 중구 정동 15-5
대지면적		1,270,59m^2 (4,200,30평)
연면적		39,082,964m^2 (11,822,59평)
Actual(계약현황)		B5F/20F
리모델링 공사	시행사	정동PFV
	시공사	한라건설 (BBB+)
	비용	520억원 (440만원/평)
	공사기간	23개월
매매내역	1st(2007)	개인 → PFV (1,250만원/평)
	2nd(2010)	PFV → SRA (1,500만원/평)
	3rd(2014)	삼성SRA → IGIS AMC(NH 생명) (2,340만원/평)
Anchor Tenants		한국교육평가원 / 김앤장 법률사무소 / 대사관(노르웨이, 네덜란드, 뉴질랜드)

리모델링 빌딩의 최대 단점은 낮은 천청고와 기둥이다. 그러나 정동빌딩의 경우 천정의 설비를 층 맨 끝으로 몰아 설치하여, 천정 중앙의 천정고를 2.6m로 높였다. 주요 임차인으로 노르웨이, 뉴질랜드, 네덜란드 대사관을 유치하였으며, 한국교육평가원과 김앤장을 입주완료시켰다. 2017년 현재 NH생명의 투자로 IGIS 자산운용에서 운영관리하고 있다.

16) KG타워

한국섬유시험연구소에서 소유 운영관리하였으며, Genstar에서 임대마케팅을 진행하여 "요기요(배달통), Q10, 미래엣셋생명, 산와대부(주), 돈돈, 디초콜릿, 신선로파스트등 우량 임차인을 유치하였으며, 2017년 현재 안정적으로 운영관리되고 있다.

- 기준층 임대면적   953.68m^2 (288,79py)
- 기준층 전용면적   632.46m^2 (191,32py)
- 엘리베이터   승객용 5대, 화물용 1대
- 냉난방 운영방식   개별 냉난방시스템
- 주차 (총 37대)   무료주차 협의
  유료주차 협의(VAT 별도)
  방문주차 협의
- 빌딩 내 편의시설   커피숍, 식당
- 전용율   업무 66.32%, 상업 44%

임대차 진행업무

2014년 11월 준공된 빌딩으로 KOTITI시험연구원에서 소유, 운영관리하고 있으며, 임대인이 임차인 선별 기준이 엄격하였음.

건물 준공 후 3개월 이내 Credit이 좋은 Tenants로 선별 작업하여 완료하였음.

17) City Center

[표 9-12]

1. 중구 중부경찰서 앞. 쌍용양회 빌딩 Remodeling

2. 초기 사업 진행시 조건(사전 임대차 7년 확약50%)

3. GS건설을 통한 A급 빌딩 준공

4. NH투자증권의 투자확약 및 PF지원(본질, Risk, Return)
   (Tenants Credit, Tenants Risk, Funding Risk, Exit Risk)

5. 국내 · 외 우량 임차인 대상 임대마케팅 진행

위치		서울시 중구 정동2가 24-1, 25-1
대지면적		2,334.90m^2 (706평)
연면적		37,266.45m^2 (11,273평)
규모		B2F/18F
리모델링 공사	시행사	쌍용 타운 PFV
	시공사	GS 건설
	비용	434억원(380만원/평)
	공사기간	15개월
	마스터리스	쌍용시멘트(48.8%), 삼성화재(24.56%)
매매내역	1st(2007)	쌍용 → PFV (1,440만원/평)
	2nd(2015)	PFV → IGIS AMC (AWE) (1,870만원/평) 삼성SRA (2,300만원/평) 검토 마스턴 Reits AMC (2,250만원)
Anchor Tenants		삼성화재 / 효성 ITX / 스타벅스 / 쌍용양회

쌍용양회 빌딩의 사옥을 리모델링하면서 "쌍용양회"가 임차확약(7년)을 약정하며, 빌딩의 상품가치를 끌어올렸다. 주요 임차인으로는 삼성화재, 효성ITX, 스타벅스등이 입주해 있다.

2

고급 주택 임대 및
관리 사례

1) Hill Side Residence(힐사이드 임대주택)

A	4F	401	402
		77	77
	3F	301	302
		77	77
	2F	201	202
		77	77
	1F	101	102
		76	75

B	4F	401	402
		77	77
	3F	301	302
		77	77
	2F	201	202
		77	77
	1F	101	102
		76	76

Total 49 Units

C	2F	201	202	203	204	
		81	93	92	81	
	1F	101	102	103	104	105
		55	39	93	45	61
	BF	B101	B102			
		39	93			

D	4F	401	402		E	6F	601	602
		73	73				75	74
	3F	301	302			5F	501	502
		73	73				75	74
	2F	201	202			4F	401	402
		73	73				75	74
	1F	101	102			3F	301	302
		73	73				75	74
	BF	B101	B102	B103	B104	2F	201	202
		36	36	36	36		76	77

[그림 9-8] Hillside Residence 개별 호수

General Information

- Address: 726-111 Hannam-dong, Yongsan-gu, Seoul
- Built Year: June 2005
- Ground size: 17,130 ㎡ / 5,182 pyung
- GFA: 11,564 ㎡ / 3,498 pyung
- Units: 49 units, 5 building
- Rent per pyung: 110,000 won
- Maintenance per pyung : 15,000 won
- Room No: 1~3 bedroom (114~313 ㎡ / 36~93 pyung)
- Monthly Rent: 1 bedroom – 4 million won /2 bedroom – 5 million won / 3 bedroom – 8.5 million won
- Facilities: Club House, Play room, Fitness, Barbeque garden, outdoor play area, observation deck, pocket park and more…
- Services: Concierge, 24 hr security, Tenant activities, General maintenance and more…

[그림 9-9] 건축개요 및 주요 공용 공간 구성

[그림 9-10] 주요 임대마케팅 Plan

오피스 빌딩 임대자산관리 입문과 실무

Community

대부분 임차인이 Family Type(부모+어린 자녀)였으며, 특히 부인들을 만족시키기 위해 많은 노력을 기울임

남편을 따라 외국에 나온 부인들이 적응하는데 상당한 시간이 걸리는 점을 감안하여 Hillside 내 Community를 형성하여 그들간 소통할 수 있는 자리를 마련함

–매주 오전 Coffee Meeting
–매월 Field Trip 및 각종 Lunch 행사 마련

실제로 이런 "Community 형성이 Hillside의 이미지가 되어 신규 임대에 효과"가 있음

[그림 9-11] 공용공간을 활용한 외국인 임대 마케팅

인종 분포

미국계 회사보다는 유럽계 회사가 많은 관계로

유럽기업 임차인 과반 이상 미국인 및 소수 동양계(일본, 싱가포르, 말레이지아, 인도)

글로벌 회사의 CEO급 임원은 한달 임대료로 500~1,000만원에 이르는 경우도 있으며, 대부분 CEO 및 경영진임.

주요 회사

– 주요 입주회사는 글로벌 기업 위주로 구성됨

외국계 자동차 회사
다국적 금융회사
다국적 제조업체

한국인 임차인도 일부 있으나 개인 명의로 계약하였으며, 외국인이 많은 분위기를 선호하는 부유층이 다소 거주

임차인의 Community와"Detail한 Service 및 개별 Needs 파악"과 Family Service, 지속적 관심 = 임차 성공

[그림 9-12] 주요 임차인 구성과 성공사례

서남부권
주요 사례

1) Times Square Tower

주요 임차인은 효성 ITX(14개층), 신한카드(3개층), MPC(2개층), 월앤비전 (2개층), 우리아비바생명(1개층), 미래에셋생명(1개층), 현대캐피탈(반개층), 롯데카드(반개층), 삼성생명(1개층) 등으로 구성되어 있음.

[표 9-13]
타임스퀘어 타워의
주요 투자현황

1. 영등포역 인근 (Retail 지역에 오피스 공급)

2. Koramco 신탁 (오피스 부분만 선매입)

3. Hotel, Office, Retail 복합상품 (사전 임차 확약이 중요)

4. Equity 투자자 및 Lone 심사위 승인 문제
   (Risk & Return: Tenants Credit, Tenants Risk,
   Funding Risk, Exit Risk)

5. 주요 투자 규모: 오피스 평당 1,100만원(매입),
   2016년 1,600만원 (Capital Gain 710억원·주주배당)

주소	영등포구 영등포동 4가 441-1번지
지하철역	2호선 문래역 / 1호선 영등포역 도보 7분
연면적	18,059.93m^2 (5,463.13py)
규모	지하 6층 / 지상 16층
준공년도	2009년 5월 예정
주차대수	추후 확정
엘리베이터대수	승객용 4대 / 비상용 1대 / 셔틀 2대
냉난방	중앙 냉난방
전용률	50.00%
기준층 임대면적	1,689.95m^2 (511.21평)
기준층 전용면적	1,132.26m^2 (342.51평)
무료주차	없음
유료주차	미정 (VAT 포함)

[그림 9-13]
영등포 Times Square
Tower 임대마케팅
Plan

내용

국내 최대 주상복합 단지(백화점, 호텔, 쇼핑몰, 오피스)로, 오피스 2개 동에 대해서만 기존 부지 소유자인 시행사 경방으로부터 코람코자산신탁이 빌딩을 매입함. 주변의 열악한 오피스 환경에도 불구하고, 성공적으로 임대 완료한 사례임.

결과

오피스 총 11,729평의 전체 외부 임대형 오피스 빌딩으로, 콜센타 및 마케팅 영업조직 등을 주 Target으로 선정하여 준공 후 3개월 내 대부분 계약을 체결 완료함. 현재는 콜센터, 보험회사 및 카드, 캐피탈 영업조직의 계약 체결 완료로 공실율 0%

층	Office A	
20F	효성ITX	
	1454.87	
19F	효성ITX	
	1454.87	
18F	신한카드	
	1454.87	
17F	신한카드	
	1454.87	
16F	신한카드	
	1454.87	
15F	효성ITX	
	1454.87	
14F	타이트스쿼트	
	1454.87	
13F	미래에셋생명	
	1454.87	
12F	우리아비바생명	
	1454.87	
11F	(주)엠피씨	
	1454.87	
10F	(주)엠피씨	
	1454.87	
9F	효성ITX	
	1454.87	
8F	주식회사피어슨에듀케이션코리아	
	1454.87	
7F	(주)월앤비전	삼성카드(주)
	1093.07	361.80
6F	(주)월앤비전	
	932.15	

층	Office A		
16F	효성ITX(주)		
	1641.42		
15F	효성ITX(주)		
	1641.42		
14F	삼성생명보험(주)		
	1641.42		
13F	효성ITX		
	1641.42		
12F	효성ITX		
	1641.42		
12F	효성ITX(주)		
	1641.42		
10F	효성ITX(주)		
	1641.42		
9F	효성ITX(주)		
	1641.42		
8F	효성ITX(주)		
	1641.42		
7F	롯데카드(주)		효성ITX(주)
	820.71		820.72
6F	애버랜드	효성ITX(주)	현대캐피탈(주)
	102.34	237.42	821.76

[표 9-14] Times Square Tower Stacking Plan-2014년 기준

오피스 빌딩 임대자산관리 입문과 실무

2) 신도림 미래타워

[그림 9-14]
신도림 미래타워
임대마케팅 Plan

내용

주상복합(오피스, 오피스텔, 상가)빌딩으로 오피스부분 1개동에 대하여 국내 시행사의 개발로 시공은 "대우건설(대우미래사랑시티)"이었고, 미래엣셋펀드인 "맵스"가 매입하여 성공적으로 운용된 사례라 할 수 있음.

결과

오피스 7,729,89평의 전체 외부임대용 오피스로 마케팅을 실시하여 준공과 동시에 거의 마무리하게 됨. 현재는 국내 대기업 등의 임대로 공실율 0%임.

주요 임차인은 "LG LNS, 삼성화재, 효성, SK Telecom"이 주요 Tenants로 구성되어 있음.

층	임차인	임대면적 소계	전용면적 57.22%
26	LGCNS	366.66	209.81
25	LGCNS	366.66	209.81
24	LGCNS	366.66	209.81
23	LGCNS	366.66	209.81
22	LGCNS	366.66	209.81
21	미래에셋생명	366.66	209.81

20	미래에셋생명	366.66	209.81
19	미래에셋증권	366.66	209.81
18	미래에셋증권	366.66	209.81
17	미래에셋생명보험	366.66	209.81
16	메리츠화재보험	366.66	209.81
15	메리츠화재보험	366.66	209.81
14	인스밸리	366.66	209.81
13	인스밸리	366.66	209.81
12	SK텔레콤	366.66	209.81
11	삼성화재	366.66	209.81
10	삼성화재	366.66	209.81
9	삼성화재	366.66	209.81
8	삼성화재	366.66	209.81
7	효성	366.66	209.81
6	효성	366.66	209.81
TOTAL		7,699.86	2098.10

[표 9-15] 신도림 미래타워 Stacking Plan-2012년 기준

오피스 빌딩 임대자산관리 입문과 실무

3) 구로 G-Valley Biz Plaza 복합 빌딩

[그림 9-15]
구로 G-Valley Plaza
건축개요

• 기준층 임대면적	3231.54㎡(977.54py)
• 기준층 전용면적	1675.82㎡(506.94py)
• 엘리베이터	승객용 6대, 화물용 2대
• 냉난방 운영방식	중앙냉난방 각층 공조 시스템
• 주차정책	무료주차 미정
	유료주차 미정
	방문주차 미정
• 빌딩 내 편의시설	호텔 리테일 복합 개발
• 전용율	51.86%

연면적 약 30,237/3.3㎡으로 2014년 7월 준공되었으며, Kolon Global에서 시공하고 IGIS가 선매입한 Office, Hotel, Retail의 복합 빌딩이다. 기준 층 면적은 전용으로 약 506/3.3㎡이며, 오피스는 CJ E&M(넷마블)이 건물의 대부분을 임차하였으며, 호텔은 롯데호텔(Business Hotel), Retail은 GS Retail이 전체를 마스터리스(Master Lease)하는 방식으로 진행되었다.

안정적인 임대수익이 보장되는 상품으로 '새마을금고와 공제회, 및 생명보험사와 은행' 등 금융기관들이 투자에 참여하였으며, 지역의 Landmark 빌딩으로 자리매김한 성공 사례이다.

2017년 구로, 가산 아파트형 공장 마켓에서 유일한 오피스 상품으로 개발된 성공사례이다. 최초 부지 매입 단계에서 오피스 임대 마켓에 대한 시장 상황과 정확한 진단을 통한 코오롱 글로벌의 체계적인 준비와 과감하게 선매입을 실행한 IGIS자산운용(새마을금고 투자)의 작품으로 평가된다.

4

아파트형 공장 사례

1) 대룡포스트타워 I

[그림 9-16]
대룡포스트 타워
건축개요 및
분양유치 기업

건축주 : 대룡종합건설(주)

준공예정 : 2005. 10.

위치 : 서울시 구로구 구로동 212-8 외 7필지

규모 : 지하 3층, 지상 20층

건물구조 : 철근콘크리트 구조

건축면적 : 5.112.85㎡(1.546.64평)

연면적 : 93.504.75㎡(28.285.19평)

 **CJ Telenix** 분양

분양면적	층수	평단가	분양시기
2.654.32평	10~11층	450만원	2006년 8월

2) 대룡포스트타워 II

[그림 9-17]
대룡포스트 타워
건축개요 및
분양유치 기업

건축주 : 대룡종합건설(주)

설계/감리 : 선진엔지니어링(주)

준공예정 : 2005. 10.

위치 : 서울시 구로구 구로동 182-13 외 4필지

규모 : 지하 3층, 지상 15층

건물구조 : 철근콘크리트 구조

건축면적 : 4.911.82㎡(1.488.87평)

연면적 : 77.413.45㎡(23.417.57평)

CJ 인터넷 CJ Internet 분양

분양면적	층수	평단가	분양시기
2.613.56평	13~14층	450만원	2005년 6월

복음보청기 PHONAK 복음보청기 분양

분양면적	층수	평단가	분양시기
218평	8층 일부	460만원	2005년 7월

5

임차인
대행 사례

1) Daum

Daum Communication은 강남 데이콤빌딩에서 뱅뱅사거리의 승산 사옥 (삼성생명으로 매각됨)을 비용 절감 차원으로 이전하였다. 최초 조건은 보증금 비율을 높이고 낮은 임대료로 임대차 계약이 완료되었으나 삼성생명자산 (사)운용으로 매각된 이후 임대료가 거의 1.5배 이상 인상되게 되었다. 또한, 비용 절감의 이슈도 있었으나 1개 층 면적이 너무 작고 협소하여 업무 효율이 떨어지는 것이 가장 큰 문제로 지적되고 있었다. 이에, 임차인의 정확인 Needs를 파악하고 이에 대한 적정 빌딩을 대안으로 만들어 주는 것이 가장 중요했다. 임차인의 요청 사항은 첫째, 직원들의 창조적인 Idea 가 발생되도록 1개 층 면적이 넓고 내부 이동을 자전거나 씽씽카를 타고 다닐 정도로 자유로울 것, 둘째로 임대료는 현재의 수준에 맞출 것, 한 개 층 전용 면적이 500/3.3㎡ 이상일 것, 지하철 및 대중교통의 접근이 용이

할 것 등이다. 실제로 한 개 층 면적이 전용 600/3.3㎡ 이상 되는 경우에는 임대료가 최소 80,000원/3.3㎡에서 90,000원/3.3㎡ 수준을 육박하고 있기 때문에 임대료와 Location을 맞추는 일은 쉽지 않은 상황이었다. 또한, 젊은 경영진과 Staff들의 공감을 얻어 내는 것도 쉽지 않았다. 제주도의 Daum(다음) 본사에 대한 느낌과 시설 그리고 'Daum스러움'을 더욱 강조하는 그런 공간 창조가 필요했다.

이러한 시기에 한남동 일신빌딩(일신섬유 소유)의 경우는 Daum의 기대에 대부분 부응할 수 있는 조건을 갖추고 있었다. 처음 빌딩의 임대 관련 요청을 받았을 때도 본 건물은 'Daum이다.'라는 느낌을 받을 정도였다. 넓은 바닥 면적과 적정한 임대료 그리고 남산과 한강을 지척에 두고 있는 아름다운 자연 환경과 창조적 Idea가 나올 것만 같은 옥상과 오피스 View는 최적의 상황을 연출하고 있었다.

Daum에 대한 Local Corporate Service를 약 6년간 진행하면서 단 1회의 임차 기회를 잘 준비하여 진행한 성공적인 프로젝트라고 이야기할 수 있다. 이러한 업무를 인연으로 경영진과 총무 경영지원본부의 Staff들과도 꾸준한 Relationship을 가질 수 있었고, 제주도 Daum 사옥을 여러 차례 방문하여 멋진 실험에 함께 참여하는 감동을 경험할 수 있었다.

국내 기업 임차인과의 좋은 관계를 유지하는 것은 상당한 노력과 시간이 필요하며, 꾸준한 서비스와 책임 그리고 변함없는 윤리와 도덕적 관계도 오래도록 Business를 진행하고 공유하는 비결이기도 하다.

아모레퍼시픽!! 국내 화장품 브랜드로 세계 시장을 리드하고 있는 초우량 기업이다. 이러한 기업을 만나 함께 일을 할 수 있다는 것만으로도 훌륭한 기회고 찬스였다. 최고 경영자와 기업 리더를 대상으로 오피스 관련 PT를 진행한 후 함께 빌딩을 방문하고 현장을 답사하며 시장 동향과 사옥 이전에 대한 업무를 공유하고 서비스 한다는 것은 상당한 경험과 지식을 요하는 어려운 작업이다.

국내 10대 대기업 사옥 이전이라는 중점 과제를 맡기에 앞서 임차인 대행업체 선정이라는 엄격한 시험이 준비되었다. 임차인 대행업체 선정에 대한 Proposal을 제출하고 PT를 진행하며, 경험과 회사의 지원 등을 집중 발표하고 담당자들의 경험과 업무 진행에 대한 성공 전략 등을 발표하였다. 또한, 회사에 대한 꼼꼼한 검토와 Global 회사가 가지는 장점 등도 주요한 성공 원인이었다.

결과적으로 우수한 평가로 임차인 대행업체로 선정되었으며, 햇수로 2년 동안 업무 지원을 진행했다. 예상 대상 빌딩 List up과 빌딩의 컨디션과 조건 그리고 오피스 마켓에 대한 서비스를 꾸준히 지원했다. 그리고 신축 빌딩에 대한 파격적인 임대조건과 임대인의 신용도(Credit)도 파악해야 했으며, 아모레 직원들의 대중교통 접근성과 거주지에 대한 분석, 1명이 사용하는 공간에 대한 배치와 연구 공용 공간(회의실 및 강당, 휴게 공간과 기타 공간)에 대한 연구도 면밀히 분석되었다.

최종 Shot List로 정리된 2개의 빌딩에서도 꾸준한 Love Call을 보였으며, 조건도 파격적으로 제시되기 시작했다. 다만, 건물주와 임차인과의 신뢰 관계가 무너지지 않도록 중간자적 역할을 도덕적으로 윤리적으로 신뢰할 수 있도록 보고했으며, 이러한 결과로 현재의 시그니처타워에 성공적으로 입주할 수 있었다.

싱가폴계 투자회사인 Ascendas 소유의 시그니처타워로 이전한 아모레퍼시픽 직원들의 만족도는 상당히 높았으며, 직원들의 업무 효율과 근무 환경 변화에 대한 긍정적인 반응이 본 업무를 진행했던 스탭들에게 큰 성취감으로 돌아오게 되었다.

처음 입주하는 1주일 동안은 현악 4중주를 점심시간에 연주하여 입주를 환영하는 이벤트를 실시하였고, 매일 아침 출근 시간에는 빌딩 로비에서 함께 업무를 진행한 총무팀원들과 경영진들을 맞이하는 소중한 마음으로 아침 인사를 매일 드리는 서비스도 진행하였다. 그 결과 임대차 계약을 마치고 몇 년이 지났지만 꾸준한 관계를 형성하고 있으며, 앞으로도 다양한 업무 영역을 넓힐 수 있게 되었다.

3) KAKAO Bank, KAKAO대리 오피스

카카오는 판교와 제주의 대표적인 기업이다. 사용면적도 대기업 규모로 확대되고 있으며, 추가적인 비즈니스 확장으로 임차면적을 늘이고 있다. 2016년 인터넷 뱅킹의 일환으로 카카오뱅크가 출범되면서 H-Square에 추가적인 오피스 공간을 확대하였으며, 카카오 대리를 런칭하면서 강남의 교보생명 사거리 인근에 신규 오피스를 설치하였다. 다음과 카카오의

합병으로 제주와 판교 오피스를 사용하고 있으며, R&D 인력은 친환경 오피스인 제주에서 창조적인 아이디어를 꾸준히 발굴하고 있다. 카카오프렌즈는 기업 역량이 꾸준히 확대되고 있으며, 젊은 층은 물론이고 여성고객들의 사랑을 받고 있어 기업 확장이 더 늘어날 가능성이 있다.